U0510287

南怀瑾

讲述系列

南怀瑾
谈
师道

上海人民出版社

南怀瑾先生一九一八年诞生于浙江温州乐清一个世代书香之家，二〇一二年九月去世。南先生抗日战争时期投笔从戎，后赴台湾，执教于台湾文化大学、辅仁大学。又远赴美国、欧洲等地，考察讲学。门生弟子遍天下。先生长期精研国学，读书数十万卷，于儒、道、佛皆有精湛造诣，兼通诸子百家、诗词歌赋、天文历法、医学养生诸学，对西方文化亦有深刻理解，学贯中西，著作等身，堪称一代宗师，在中西文化界享有巨大声望。

南怀瑾先生关心国家统一、民族振兴大业，一生致力于复兴中华优秀传统文化。奔走各地，建立学堂，讲解传授，为弘扬、传承民族传统文化之精粹尽心尽力。其成就贡献，举世称誉；其执著精神，感人至深。

南怀瑾先生著述等身，不落窠臼，常以其亲身经历和独到见解，结合历史事实和先哲智慧，阐扬优秀传统、人生哲学，使现代人得以了解中国文化、历史、哲学的精深奥秘，并帮助现代中国人进一步建立文化归属感，增强民族自信心。

《南怀瑾谈师道》中，南怀瑾先生分别讲述了《礼记·学记》以及韩愈的《师说》两部经典，以及与小学校长谈话的记录，并收入先生2010年对教师的讲话两篇。书后附录收入太湖大学堂校长郭姮妟有关教育的文章以及与李素美老师对话记录。全书言简意丰，为南先生毕生经验之谈，点出教育与师道的重要内涵——为师不止要传道解惑，更要化民成俗。

本书原由台湾老古文化公司出版，现以简体字予以重排，以飨读者。

上海人民出版社
二〇一九年五月

序

周勋男 *

　　怀师辞世已逾三周年，《南怀瑾谈师道》即将出版，深感意义深长。追念怀师自大陆来台起，不论生活多么困厄，随时随地，孜孜不倦，义务从事社会教育工作。后来随顺因缘，也在三军各校，以及文化、辅仁等大学任教。一九七○年，创立国际性组织"东西精华协会"，即有成立教育、哲学、禅学、经济、科学等研究所的规划，然因各种因缘不具足，而未能实现。而在老古成立后，怀师首先出版的即是《新旧的一代》，即充分流露出怀师对青少年的深情关切，处在传统与现代文化冲击中的教育，如何走出健全的大道。

---

　　* 周勋男，美国博尔州立大学哲学及心理学硕士。译有《西方的智慧》、《超越死亡》等书。

怀师随顺时节因缘，由讲述而成书，诸如《论语别裁》、《孟子旁通》、《大学微言》、《老子他说》、《庄子諵譁》、《我说参同契》、《金刚经说什么》、《如何修证佛法》、《花雨满天　维摩说法》等儒释道的著述，都对社会教育、感化人心产生重大影响。怀师虽常谦称不居师位，却一生诲人不倦，随时随地，关照鼓舞身边的每一个人。

南怀瑾老师一生以身作则，所谈《师道》一书，句句都是他老人家的毕生经验之谈。此书中的《礼记·学记》，以及韩愈的《师说》，都是论为师之道的经典名著。怀师言简意丰，点出其中的重要内涵，为师不只要传道解惑，更要化民成俗。书中更有怀师对国际实验小学师生的恳切教诲，非常感人，尤其是最后一次的"临别赠言"，虽然是对该校毕业生的赠言，但何尝不是他老人家对所有亲朋好友、学生与读者的赠言，因为三个月后，他向我们告别了。

此书中所附录三篇，也值得一读。记得怀师驻香港时，李素美与郭姮晏即遵嘱赴大陆各地推广儿童读经工作多年，颇有心得。怀师最后移驻太湖大学堂时，即督导郭姮晏积极办学，而在李素美、李传洪董事长辅导下，终于创立国际实验小学，而担当校长重任。多年来一直受到学生、家长的感谢与称叹，以及社会的高度肯定。从这三篇中，可以看出该校所有工作同仁如何落实怀师的办学理念、全心全力付出的甘苦，与值得他校借镜之处。

记得一九七三年，我翻译了一本小册子，这是由美国教育名家浦理亚斯（Earl V. Pullias）与杨格（James D. Young）合著的《如何做个好老师》（A Teacher Is Many Things）的缩写版，其中虽然谈到很多做好"经师"的技术，但其精髓所在，却在深刻而生动的探讨："如何做好人师"。出版后，我曾呈送怀师，他非常高兴。此书现已绝版，但却可与《师道》互相印证，因此列陈其中章名如下：一、何谓教学；二、优良教学的障碍；三、教师是向导；四、教师就是教师；五、教师是现代化的动力；六、教师是表率；七、教师是追求者；八、教师是顾问；九、教师是创造者；十、教师是权威；十一、教师是远景的鼓舞者；十二、教师是常规的力行者；十三、教师是窠臼的打破者；十四、教师是说书者和演员；十五、教师是面对现实者；十六、教师是评量者。

读者可就上述章名，发挥联想力、想象力，来充实其内容。当然也可与古代经典相参照，略举数例如下：第三章，可读唐甄所说："学贵得书，亦贵得友。师也者，犹行路之有导也；友也者，犹涉险之有助也。得师得友，可以为学矣。"（《潜书·讲学》）又如第十四章，可读张载所说："教之而不受，则虽经告之无益，譬之以水投石，不纳也。"（《张载集·语录上》）以及二程所说："教人未见意趣，必不乐学。"（《遗书·卷二》）又如黄宗羲继韩愈《师说》之后，作《续师说》，认为道未闻，业未精，有惑不能解，就不能算是教师，则近乎第十章所说。

总之，怀师一生就是为师之道的典范，绝大半生命奉献于社会教育，而晚年特别重视小孩的教育，付出无限的关怀，而又深乐其中，或许有感于《颜氏家训·勉学》所说："人生小幼，精神专利；长成以后，思虑散逸；固须早教，勿失机也。"这也是老师最后所谈《师道》的旨趣吧！

目 录

学记

南怀瑾先生讲述

学记

发虑宪，求善良，足以谀问，不足以动众；就贤体远，足以动众，未足以化民。君子如欲化民成俗，其必由学乎！

玉不琢，不成器；人不学，不知道。是故古之王者建国君民，教学为先。《兑命》曰："念终始典于学。"其此之谓乎！

虽有嘉肴，弗食，不知其旨也；虽有至道，弗学，不知其善也。是故学然后知不足，教然后知困。知不足，然后能自反也；知困，然后能自强也，故曰：教学相长也。《兑命》曰："学学半。"其此之谓乎！

古之教者，家有塾，党有庠，术有序，国有学。比年入学，中年考校。一年视离经辨志，三年视敬业乐群，五年视博习亲师，七年视论学取友，谓之小成；九年知类通达，强立而不反，谓之大成。夫然后足以化民易俗，近者说服，而远者怀之，此大学之道也。记曰："蛾子时术之。"其此之谓乎！

大学始教，皮弁祭菜，示敬道也；《宵雅》肄三，官其始也；入学鼓箧，孙其业也；夏楚二物，收其威也；未卜禘，不视学，游其志也；时观而弗语，存其心也；幼者听而弗问，学不躐等也。此七者，教之大伦也。

记曰："凡学，官先事，士先志。"其此之谓乎！

大学之教也，时教必有正业，退息必有居学。不学操缦，不能安弦；不学博依，不能安诗；不学杂服，不能安礼；不兴其艺，不能乐学。故君子之于学也，藏焉，修焉，息焉，游焉。夫然，故安其学而亲其师，乐其友而信其道。是以虽离师辅而不反也。《兑命》曰："敬孙务时敏，厥修乃来。"其此之谓乎！今之教者，呻其占毕，多其讯，言及于数，进而不顾其安，使人不由其诚，教人不尽其材；其施之也悖，其求之也佛。夫然，故隐其学而疾其师，苦其难而不知其益也，虽终其业，其去之必速。教之不刑，其此之由乎！

大学之法，禁于未发之谓豫，当其可之谓时，不陵节而施之谓孙，相观而善之谓摩。此四者，教之所由兴也。发然后禁，则扞格而不胜；时过然后学，则勤苦而难成；杂施而不孙，则坏乱而不修；独学而无友，则孤陋而寡闻；燕朋逆其师；燕辟废其学。此六者，教之所由废也。

君子既知教之所由兴，又知教之所由废，然后可以为人师也。

故君子之教，喻也，道而弗牵，强而弗抑，开而弗达。道而弗牵则和，强而弗抑则易，开而弗达则思；和易以思，可谓善喻矣。

学者有四失，教者必知之。人之学也，或失则多，或失则寡，或失则易，或失则止。此四者，心之莫同也。知其心，然后能救其失也。教也者，长善而救其失者也。

善歌者，使人继其声；善教者，使人继其志。其言也约而达，微而臧，罕譬而喻，可谓继志矣。君子知至学之难易，而知其美恶，然后能博喻；能博喻然后能为师；能为师然后能为长；能为长然后能为君。故师也者，所以学为君也。是故择师不可不慎也。《记》曰："三王四代唯其师。"此之谓乎！

凡学之道，严师为难。师严然后道尊，道尊然后民知敬学。是故君之所不臣于其臣者二：当其为尸，则弗臣也；当其为师，则弗臣也。大学之礼，虽诏于天子，无北面，所以尊师也。

善学者，师逸而功倍，又从而庸之；不善学者，师勤而功半，又从而怨之。善问者，如攻坚木，先其易者，后其节目，及其久也，相说以解；不善问者反此。善待问者如撞钟，叩之以小者则小鸣，叩之以大者则大鸣，待其从容，然后尽其声；不善答问者反此。此皆进学之道也。

记问之学，不足以为人师。必也听语乎！力不能问，然后语之。语之而不知，虽舍之可也。

良冶之子，必学为裘；良弓之子，必学为箕；始驾马者反之，车在马前。君子察于此三者，可以有志于学矣。

古之学者，比物丑类。鼓无当于五声，五声弗得不和；水无当于五色，五色弗得不章；学无当于五官，五官弗得不治。师无当于五服，五服弗得不亲。

君子曰：大德不官，大道不器，大信不约，大时不齐。察于此四者，可以有志于本矣。三王之祭川也，皆先河而后海；或源也，或委也。此之谓务本。

《学记》是《礼记》里的一篇，讲中国传统文化里的"学问"是怎么一回事。"发虑宪，求善良，足以谀闻，不足以动众"，这四句话就很严重了，什么叫发虑宪，就是启发你的思想，三个字，发虑宪。这个宪字注意，我们现在国家最高的法律叫宪法，宪就包括大原则，大法则。发虑宪，求善良，足以谀闻，不足以动众，有文化思想，做人很规矩，知识非常渊博，可以，但只是个人的成就，不足以影响社会。

学然后知不足

"就贤体远，足以动众，未足以化民"，进一步是使自己很贤良，按人类的分等，达到圣贤的阶段，修养学问很高；就贤体远，眼光认识千古，认识时代的前面，很远大，足以动众，可以影响社会啊，但还没有资格称教育家，未足以化民。"君子如欲化民成俗，其必由学乎！"这是重点，教育的目的就四个字：化民成俗。宗教家也求这四个字，教化整个社会，变成一个时代的风气了；成俗，这个俗你不要看成低级，社会整个的风气形成了叫化民成俗，这是教育的目的。

"玉不琢，不成器；人不学，不知道"，你们看到《三字经》有一段就是从《学记》里头出来的，"是故古之王者建国君民，教学为先"，这两句话说，所以呀，中国文化古之统治政治、天下的，或建立一个国家，想领导群众人民的这些王者，都先以教育为第一，教学为先。《兑命》，是远古《尚书》里头的一篇文章，春秋战国以前的，说"念终始典于学，其此之谓乎"，所以要知道过去未来，必须要讲学问。那么第二段过去了哦！我是简单提一下，不照注解原文，你们自己做参考。

"虽有嘉肴，弗食，不知其旨也"，这是一个比方，例如，看到满桌都是好菜，你不吃，就不晓得这个菜味道好不好。"虽有至道，弗学，不知其善也"，中国文化儒、释、道、诸子百家，从上古以来传统只有一个概念，中国有道，这个道是什么东西？它代表了形而上，也代表了形而下，形而下、形而上的道理是靠教育来的，不学，不知其善也！你不晓得科学、哲学、宗教，不求学是不懂的。

"是故学然后知不足"，讲教育问题，一个教育家做老师的人，必须天天要求学、要求进步，因为学，然后知道自己的不够；"教然后知困。知不足，然后能自反也"，他说，教人后知道自己也有困难的，有许多知识不够，所以一个做老师的人随时要求进步。知不足，然后才能自己反省自己——能不能有资格做老师、做人的师长？"知困，然后能自强也"，做老师的随时随地要反省自己的学问。我看现在读到大学以上，尤其是官做大了以后的人，是更不读书了，好像学问都足够了，那是很严重的问题，要随时知困然后才能自强，站起来。

"故曰：教学相长也"，这四个字也出在《学记》里头。做老师教人家的时候，才晓得自己学问不够，因为反省到自己学问不够，老师也随时在求进步，所以教跟学相长也。下面一句话，"《兑命》曰"，我们上古文化《书经》这一篇里头讲，"学学半"，两个学字，注意哦，上面这个学是学问，下面是个动词，也是学字，读音不同了，效果的效；求学问，乃至读书求学问，懂了一半，真正学是学半，"其此之谓乎！"越求学，越读书，越教人，做老师的越晓得自己的不够，所以学是学半。

我有一个同学正在武汉办学校，叫我写一个校训，我写了四个字给他，"敬业乐群"，就在这一篇里头，你们等一下读到。要问我什么意思？敬业求学，就是刚才讲的；乐群，使这个人能过团队生活，跟社会合作，团结民众，叫敬业乐群。

所以"古之教者，家有塾"，古时候家里头私人读书，都有家塾，我就是读家塾出身，家里自己读书教育出来的。"党有庠"，这个党不是现在什么国民党、民主党、共产党啊，不是这个，是乡党，一个地方有它的学校叫庠。"术有序"，这个术不是技术的术，就是学工的，学农的，学手艺的，它各有各的教育学校。"国有学"，国家有学。讲教育"比年入学"，每年都有新生入学，"中年考校"，来年要考试；"一年视离经辨志"，学了一年不需要书本，考察他做人做事的行为；"三年视敬业乐群"，我写给那个同学的校训就是这四个字；敬业是个人的学问专精；乐群是社会思想，要跟社会配合的。敬业乐群，YAO 群，不念 LE 群，这个乐字好几个发音哦。

"五年视博习亲师"，读书五年以后，视博习亲师，五年以后考察学生是否博学笃行，"七年视论学取友"，七年后是否可以做论文、研究，成专家了，这样"谓之小成"。

"九年知类通达，强立而不反，谓之大成"，这是大学毕业的阶段了，所以《礼记》另一篇《大学》就是九年以后，处大人学的。"夫然后足以化民易俗"，大学这个阶段，二十几岁学问成就了，才可以出来做人做事，化民成俗，可以做政治，可以做官了。"近者说服，而远者怀之"，在你旁边的人对你佩服，而且影响外面，此大学之道也！这个就是大学的道理，成就一个大人。这几句讲完了。

"记曰"，所以我们中国祖宗讲："蛾子时术之"，蚂蚁时时学习衔泥，然后才能成大垤，团队的精神带领，就是这个道理，中国的教育目标，几千年就是这样来的。

下午我们匆匆地提到《学记》的开头。不过我们研究古代的学问同现代的不同，要"好学深思"！

化民成俗的深义

我们刚才看了两三段的《学记》，有三个要点，一个是"化民成俗"。大家看了如果只以为是《学记》里讲教育的，那就绝对的错误了。所以读自己的文化，方块字，古文，真要好学深思。不要像看现在书一样，用一个逻辑的方法，把很多书一抄，堆起来，一下就出来一部，没有内容的，看完了就丢了。我们古书几千年，内容太多了。

化民成俗，是大政治思想。中国几千年讲政治，包括教育，就是这四个字。教化人民，变成一种风气。二三十年来，我有许多大陆的年轻朋友，是在美国时开始接触的，他们有些是体改会的；我说你们要改这个政治体制，根本就改不了，因为你们不懂中国的政治思想。

中国几千年的政治体制只有一个"周礼"，到推翻清朝为止。"周礼"的政治体制到秦汉以后，是"六部九卿"，到清朝末年虽然学了些外国文化，加了些部，也没有那么多；第一个重要的是"礼部"，礼部包括了教育部，教育不过是在礼部下面，没有单列。所谓"礼部尚书"，就是礼部的部长，地位很高，负责的是"化民成俗"。

我们现在不行啊，现在讲教育，你想要化民成俗，可是学生回去以后，玩电脑、玩手机、看电视，你所有教育都白办了。现在与原来不同。过去政府，譬如清入关二百多年，上至皇帝，下至地方政府，是三级的政治体制，中央天子朝廷，省，县。充其量，时代有动乱时，在省县中间加一个"道"，临时成立，偶然加的。由皇帝起，到地方衙门，最多不过几万人。清入关也是照这个体制，三级政权，几万人，统治了四万万人的中国，很安定啊。现在则越分越细了。

所以，才要大家注意，"化民成俗"是整个的政治与教育配合。再譬如宗教家，如佛教的法师、天主教的神父、基督教的牧师、回教的阿訇，他们负责的任务，也就是四个字，"化民成俗"。所以说，"化民成俗"是中国教育和政治体制的原则，此其一。

因此，你们要注意读古书，不要轻易说"我已经懂了"，呵，意义很深，很多内涵。

要"化民成俗"，第一个要变化自己，把自己先修养好，影响别人、感化别人。譬如说，湖南文化怎么了不起？因为清入关之后，有几个大儒化民成俗。像陕西的李二曲先生，还有傅青主、江苏的顾炎武，湖南的王船山，这些人都不投降。王船山对湖南文化的影响很大。譬如曾国藩，大部分都是受王船山的影响，蒋介石、毛泽东，也受他的影响非常大。

这几位学者都是不投降的，可是康熙并没有杀他们，对他们非常尊重。讲一个历史故事——李二曲先生在陕西，康熙很希望他出来，可是他怎么都不出来。结果康熙想办法，先到五台山，接着去看李二曲，快到李二曲家乡边了，不去了，康熙停在那里。康熙很厉害，因为如果去了以后，当面见到李二曲先生，李二曲充其量把皇帝骂一顿，杀头就是了。可是杀了他又怎么样呢，整个中国的知识分子更要反动了。康熙就派专使去，请李先生出来，与康熙见面。李二曲派他儿子作代表，说对不起了，你们的皇帝真谦虚啊，可是我又老又病，去不了，实在没有办法。康熙知道了，就让地方首长送礼物给他，替朕向他行个礼。哎，我虽然做皇帝，没有福气啊，李先生病了，不好去打搅他。这一下，把陕西的所有知识分子压住了，不敢动。这就是大政治家的手法。

再譬如顾炎武（顾亭林）先生，江苏昆山人，著名的《日知录》作者，我们推翻清朝受他的影响很大。他一辈子在外面，在全国乱走，顾先生写了一部书《天下郡国利病书》，当年我们是非读不可。要想做政治家，要想带兵打仗，要读"二顾全书"，两位姓顾的都是江苏人，一位是顾亭林先生，另一位是顾祖禹先生，写了《读史方舆纪要》。这两部书，我都把它印出来了。我们当年说带兵打仗搞政治，若连"二顾全书"都没读过，那你懂个什么啊！它把历史地理都调查清楚了，顾亭林先生走遍了全国，哪个县，哪一条路，有一条桥，多少里，各地方的老百姓怎么样，江苏人的个性怎么样，浙江人的个性怎么样等等，统统很详细地写清楚。

洪门，传说是他同傅青主等人一起搞的，要反清复明，推翻清朝，恢复明朝。为什么叫洪门？朱元璋的年号是"洪武"，暗合这个意思。把革命反清的事业，交到江湖身上去了，力量非常大。这是顾先生他们搞的。他不出来做官，他的外甥出来做到清朝的部长，他同宗的几个出来做清朝的官，才好保护他这条命不死，做反清复明的运动，非常高明。

湖南的文化了不起，那是王船山的影响，"船山之学"也是非常伟大。所以我们读书看到"化民成俗"，讲教育家，顾亭林那些人是教育家了，因为真正教育家能够做到"化民成俗"，影响后代。所以我常常告诉同学们，办学校、做老师，是牺牲自己成全他人，不是做职业。

古代的教育目标，第一个是"化民成俗"，也是整个的政治原则。可是现在的教育，不管你怎么努力，孩子们回家一看电视，一打电脑、玩手机，你什么教育都完了。今天的孩子们聪明比我们超过万万倍。而且，我们没有把管这些的归到一个体制，以统管全部。现在不是，现在是教育部、宣传部、文化部等等各管各的。

/

教学相长

第二个要点——"教学相长"。希望所有从事教育的、做老师的，要注意随时充实自己，随时要读书。其实教人家的时候，是给自己一条鞭子。我们怎么样使这个孩子学好，自己本身要反省，随时要充实。

我以前在台湾向国民党中央党部讲（因为我站在局外，向他们可以随便讲话，大概他们对我很客气），我说你们官做大了，书都不读啊！据我晓得，古人作了宰相，作了大官，下班回来，不是先见太太喔，而是先进书房！都是要读书的。你们现在官做大了，不读书，每天吃喝玩乐，一天两餐的应酬。我说这个风气，不晓得干什么！酒足饭饱后，头脑昏昏，还读什么书？

教人家，必须充实自己，反省自己，自己都没有进步，怎么教人家呢？我本人九十多了，到现在我没有一天离开过书本，乃至夜里十二点钟开始，是我上班的时候。到现在，眼睛都花了，还是要读书，甚至反复地读，这个习惯养成很难。

学学半

第三个要点，学（效）半。任何的教育，只能有一半效果。所以我常常告诉老师们，以我们上课的经验，你讲同样一句话，一百个学生听，有一两个能听懂你那句话，已经很了不起了。大部分人，脑子里在想别的东西，你的话听到了没有呢？听到了，没有印象的，没有思想，没有启发，没有注意。所以教学，有一半被听进去，就很了不起了。其实通常连一半都没有的。

所以我常常讲，唐朝的禅宗祖师讲一句话，教学生什么是好老师，什么是好学生，"见与师齐，减师半德。见过于师，方堪传授"，所以学真正的禅宗很难。这个学生，他的学问见解同老师一样，"见与师齐"，可是"减师半德"，学半，假使老师五十岁，学生二十岁，学生在努力，可老师永远多三十年的经验与努力。"见过于师，方堪传授"，见解学问超过老师，够资格做学生了，因为教学的目的是希望学生超过老师，等于我们做人，希望儿子比自己好。儿子如果靠老子出名，靠爸爸成功的，不算数。"见过于师，方堪传授"，才能够学禅学佛，道理同这个一样。

所以刚才我们讲到读古书，我只提起大家注意，要好学深思。现在我们继续看《学记》。

古代教学礼仪方法

"大学始教，皮弁祭菜，示敬道也"，这几句话，我不多讲了。刚才前面讲过，入学一年怎么样，两年怎么样，三年怎么样……到大学时已经十八岁，属于成人教育了，先学礼貌，祭拜恭敬圣贤，以及假使将来做公务员见长官怎么合于礼貌，开会又是怎么合于礼貌等等，核心精神是培养恭敬的诚恳精神，敬事、敬人、敬物。

"《宵雅》肄三，官其始也"，祭拜时诵《小雅》里面的诗句，从中感受为官、管理的道理，上下级之间要相互理解、安慰、恭敬。

"入学鼓箧，孙其业也"，鼓一敲响，同学们进来上课了，孙就是逊，谦逊，鼓声令人谦虚恭敬。

"夏楚二物，收其威也"，夏楚，古人打手心的藤条教鞭等，犯了错打手心的，警惕鞭策学生，收其威也。

"未卜禘，不视学，游其志也"，古代注重宗法祭祀，等于庙子的拜拜，不到祭祀之后，表示不到一定时候，不要考察学生的功课，要让学生有充分的时间，从容自由地学习研究。

"时观而弗语，存其心也"，随时要观察这个学生，看他的心念意志变化，看他自觉成长，不要急于指导，揠苗助长。

"幼者听而弗问，学不躐等也"，年轻的在旁边听，不要急于求成，学习要一步一步来，循序渐进。

"此七者，教之大伦也"，上面这七个要点，是古代教学的礼仪、方法。

我们看结论的重点，"记曰：凡学，官先事，士先志。其此之谓乎！"所以古代的文化传统记载（那个时候所谓古代是周朝以前了），什么叫学校的教育学问呢？教那些已经出来做事的公务员，回来受教育，教他懂事，晓得怎么办事，办事的艺术、法则；普通的，刚出来做事的，先培训他的思想，建立他意志的坚韧。就是这个意思。

"大学之教也，时教必有正业，退息必有居学。不学操缦，不能安弦。不学博依，不能安诗；不学杂服，不能安礼。"这是指成人教育，进了大学，学做人了。教育是学做人，前面是小学的教育，十七八岁以后是大学，是教成人做人了。

"时教必有正业"，这句话以现在来讲，就是必须教他有谋生的技能。现在我认为，最近几年讲"教育无用论"，害了人家。现在看来，全国的乡下孩子，父母都非常辛苦培养他们，但只要读到中学以后，完了！这个孩子永远不回家了。读到大学以后，大家想往北京、上海这些大城市里挤，做官做生意，都向那个金字塔上爬。农村基础空了，没有人才了。农业是一个国家的基础，尤其中国，农业为第一经济，工业为第二，商业为第三，第一不是股票赚钱哪！那是泡沫经济了。现在农村的人才基础没有了。像我这样，也是乡下孩子出来的，我说我对不起家乡，对不起家庭，十几岁出来就没回去了。现在大家也是如此啊。这个问题很严重了！

所以教育啊，要使他能够安本分。现在人读书，除了做官发财以外，他没有正业啊。有一点知识，就拼命想做官发财，尤其是现在做生意的。我上一次给北大光华管理学院带来的一班企业家讲话，我说我根本就不承认你们是企业家！你们算是什么企业啊？钱是很多，但不算是企业。由"倒爷"开始，然后抓机会发一点财，或是向银行借，都是别人的钱，没有一个真正的事业。没有几年，就是如《桃花扇》里那句话："眼看他起高楼，眼看他宴宾客，眼看他楼塌了"，我说你们有企业吗？我今天也看不到中国有一个企业家啊。这是我这个老头子乱讲的，讲了以后，好在他们也没有怪我，结果还赞成我的理论。

这里告诉你，"大学之教也，时教必有正业"，把握时代，教育必有正业。"退息必有居学"，平常退下来自己要有学问。我在台湾的时候，有人告诉我，要退休，我问为什么，他说：唉呀，做官烦死了。我说我看到古人有两句诗："相逢尽道休官好，林下何曾见一人"，每个有地位、有职业的人都说烦死了，急于想退休，却没有一个人真正退休的！我说你们不要退，退了以后你们会生病的。做官做惯了，没有人请你吃饭、请你讲话，你会活得了吗？你也没有学问，写毛笔字也写不好，诗也不会作，干什么呢？

也没有人打麻将，就死掉了，烦死了。现在人是这样。

古人著书，是做官下来、退休了，把自己一辈子的经验学问记录下来，给后世作参考。现在不是这样了，退息没有居学啊，你自己没有真正的学问。学问不是知识喔，做人做事做对了就是学问。

那么，下面讲，"不学操缦，不能安弦。不学博依，不能安诗；不学杂服，不能安礼"，譬如在江苏，最好在乡下，看蚕丝怎么整理。晓得怎么安琴上的丝弦，然后才学会弹琴；你不学音韵，诗就是作不好。不学会洒扫应对，礼节就行不恰当。

"不兴其艺，不能乐学"，尤其音乐、艺术画画，你都要学过，才能提起学习的兴趣。

/

藏焉，修焉，息焉，游焉

"故君子之于学也，藏焉，修焉，息焉，游焉。"这是讲求学四个要点。

"藏焉"，学了把它放起来，这个"藏"很重要了，学了一大堆学问，不是用脑子藏的，这个讲起来很深了。我们生命的道理，有个智慧的仓库，不在脑子里。人家问我，南老师啊，你的记忆力特别好，什么原因呢？因为我从小读书，父母教育要"入藏"。父亲问我："你书都背来了？"我说背来了，他说："背给我听"，我就背给他听，"嗯，还可以。可是不行啊，你只是记得，没有背。"我说："怎么叫背啊，这样还不叫背吗？"他说："不行，读书要入藏！"他讲完就走。我几十年不懂，以为要读到肠子里头，以为是五脏六腑的"脏"，不是，就是这个"藏"。我父亲当时这么讲，我也不懂，他研究过佛学嘛。

"藏"就是"阿赖耶识"，人类有个智慧，是超越脑子以外的，记忆力非常强，把它放在那里，永远不忘记。所以我经过那个年代自己的训练，小时候背的书，自己要就拿出来。我也没有档案，不像你们，你们现在"藏"了，是用电脑，太危险了，"啊，老师我用电脑记录下来了"，完了！电脑一天没有，你一个字都不记得了。我们当年读书，甚至现在，我都不用笔记本的。你讲了好东西我会记得，因为入藏了。你靠电脑太危险，那是一种技术，一种知识。"故君子之于学也，藏焉"，要入藏。

"修焉"，随时要修养，反省。我最近还跟同学们讲笑话，我的藏书很渊博的，有一天，我找一本《红楼梦》，《红楼梦》很多东西我会背的，我想背得对不对啊，哎呀，一找，没有！我就叫谢锦炀，"哎，图书馆没有红楼梦啊？"谢锦炀说："这些书你素来不要的。"我说赶快去给我买。呵，谢锦炀到上海去买了好几套，好几种版本的。我说好。这是讲"修焉"，你要修正自己，有时候说不定忘记了。

"息焉"，这个"息"字很难讲，要安详。等于说，打坐，要安定。

"游焉"，思想要开放。不要给学问困住了，做学问好像游戏似的，你才不会变成书呆子，这几点很重要。

"夫然，故安其学而亲其师，乐其友而信其道。"能够做到这样四个方向，你可以讲求学问了，安于其学。

然后，对于好的老师，可以跟老师比一下，讨论一下。也能够和同学交流。最高的原则"信其道"，能信奉自己所学的真理。

所以，"是以虽离师辅而不反也。"因此你有了学问成就，就算离开了好的老师、没有好的老师，但你已经有老师的资格。

"《兑命》曰：敬孙务时敏，厥修乃来。其此之谓乎！"《尚书》《兑命》篇（上古周秦以前的老祖宗）告诉我们，要恭敬，谦虚，充实，不要变成书呆子，就可以办事，也会做事，懂得时务；"厥修乃来"，有最高的修养，那就是《大学》讲的"意诚而后心正，心正而后身修，身修而后家齐，家齐而后国治，国治而后天下平"，学问就在这。

教人不能尽其才

那么，"今之教者，呻其占毕，多其讯，言及于数，进而不顾其安，使人不由其诚，教人不尽其材；其施之也悖，其求之也佛。夫然，故隐其学而疾其师，苦其难而不知其益也，虽终其业，其去之必速。教之不刑，其此之由乎！"

这一段批评了当时的教育。我看了很感慨，几千年都是这样！他说现在的教育不同啊，都是拿书本来讲的，在书本上反复地讨论问题，拿些证据来，哪本书怎么说，讲外国文化如莎士比亚怎么说，《原富论》怎么说，都是这一套，自己心里头没有诚心；这是增加知识，现在教的都是知识，花样多了，自己内心却没有思想，"教人不尽其材"，教育人家时，没有观察这是一个什么人才。本来教育学生，要晓得他的志向，这个人可以培养做一个科学家，那一个教出来可以做大政治家等等，要因材施教。他说现在不是这样，就只有一个方法，所以"教人不尽其材"。

尤其现在，只要功课考得好，分数打得多，联考考得上就行了。这不是教育啊！

"其施之也悖，其求之也佛"，教他的方法已经错误了，学生不是勉强听，就是不愿意听，因为你违背他的兴趣意志了。

"夫然，故隐其学而疾其师"，所以，学生很不愿意学，为了分数，为了联考只好去学，但对老师和这个教育是讨厌透了。

学习变成痛苦的事

"苦其难而不知其益也"，因而求学变成痛苦的事，并没有感觉到像《论语》上讲的"学而时习之，不亦说乎"，一点都不悦。

我当时讲论语，第一句话"学而时习之，不亦说乎"，孔子讲的。据我知道，学而时习之，不亦苦乎啊！谁愿意读书，读书有什么好玩嘛，一点都不喜欢，对不对？大家说对！哈，我说这个问题怎么解释？当时是这样的。"故隐其学而疾其师，苦其难而不知其益也"，做老师的注意这两句话哦！教学方法不对，会使学生痛苦。

"虽终其业，其去之必速。教之不刑，其此之由乎！"最后固然也读到五年六年毕业了，但一毕业，却把学的统统丢掉了！所以我批评现代的教育，是一路考试，一路丢！小学读的，到中学没有用，丢掉了；中学读的，到大学没有用，丢掉了；大学读完了，留学没有用；留学回来，做官做公务员，留学学的也没有用。一路丢！这不是学问了。"教之不刑"，刑就是治理的治，教学不得方法，不能治理人家，不能成功，原因在这！我们看几千年以前的教育，同现在差不多嘛。

教育的方法

"大学之法，禁于未发之谓豫，当其可之谓时，不陵节而施之谓孙，相观而善之谓摩。此四者，教之所由兴也。"教育的宗旨，他说你要搞清楚。什么叫大学？成人教育，十七八岁以后的教育，就是现在我们进入大学的阶段。"禁于未发之谓豫"，豫是预先的，这个天才你要引发，他的坏处你要预先教育修正他，教一个人成功，是要有预备、远见的。

"当其可之谓时"，教育要懂得方法，使这个人成功，使他的学问成功，本事成功，要懂得找机会给他讲。不是说，这个人犯了错误，当场就骂，没有用。笑一笑，再说吧，等一下我跟你谈话，等一下再来。要合乎时宜的。

"不陵节而施之谓孙"，不要在那个很关节的地方，很严厉地教育他，不行的。

"相观而善之谓摩"，仔细研究教学的道理，明白教育学生的目的，是使他变成一个人才，你要观察他，安慰他。"观摩"两个字从这个地方来的。

"此四者，教之所由兴也。"这四个要点你掌握了，是教育所以兴盛的原因，那你可以做老师，做校长了。

/

办学的精神

我想要告诉大家的话很多，想趁这个时候讲，看时间都来不及，后面还有许多要讲的，我想明天上午有两个课题，第一，要郭姮晏同侯老师报告一下你们这一次准备的古今中外实验课程，她们很辛苦，作了很大的牺牲，我都佩服她们。

这一次讲的动机，是因为他们要办学。现在外面为了赚钱而办学的很多，不是为办学而办学的也很多；我们这里真的办学，是准备牺牲的，所以真正要办的同学们，我"严重"地警告你，必须自己下场，不要拿钱做老板办学，这样根本不够资格！若存这样的动机是造孽，千万注意，我一辈子从事教育到现在还不敢办学。只有牺牲自我来做的，一定要用这个精神去办学，眼光要看得远；从二〇〇八年起，二十年以后，三十年以后，这个国家后一代出路是什么？你的目标要放在这里，牺牲自我，造就后人，这是办学的精神。

为了一时的兴趣而去办学，自己本身不下场，我反对，在此严重告诉同学们。对不起啊，外面的朋友们不要见怪哦，这次本来给自己人讲话的，千万要反省注意啊！

/

为人师表要懂教育兴盛之道

我们现在还是继续把这一篇大概介绍完。"发然后禁，则扞格而不胜；时过然后学，则勤苦而难成"两句话，所以教学的目的要知道学生的个性、思想。怎么造就一个人？主要是懂得他的情绪思想，换句话即心理与生理你要掌握好，这就是办教育了。"发然后禁，则扞格而不胜"，一个毛病发生了以后，你才要禁止，是永远搞不好的。其实这个就如同政治一般。譬如现在政治、社会上很多的措施，都是等到社会出了毛病，政治上才以一个办法来解决，其实是没有用的，就如这两句话："发然后禁，则扞格而不胜"，是永远挡不住的。

所以我说教育无用论。这个时代基本教育不好，但现在教育比当年普及得多了，可是我们愈教给学生，社会愈乱，什么道理呢？古人一句话："学足以济其奸"，有了知识有了学问，方法更多了，坏事更容易做了，就是这个道理，所以这是我们从事教育要注意的一个重点。

所谓"时过然后学，则勤苦而难成"，就是说求学问要把握时间，趁年轻的时候，把握自己生命宝贵的时间，时过了以后来学，则勤苦而难成，这是当然。"杂施而不孙，则坏乱而不修"，学问太渊博，知识太多、太杂而不晓得谦退，不晓得选择，走一个专一之路，这个知识越多越乱了。"独学而无友，则孤陋而寡闻"，所以求学问必须要有好朋友、好老师，互相的勉励，不然呢，个性就很孤僻了。譬如说以我发动，由李素美、沙弥母女还有余一彦她们很帮忙地推广了儿童读经十几年，现在发现一大毛病，这些孩子们读的经典书籍很多，还有十三四岁就能够读《资治通鉴》的，但却越来越傲慢，其他的学科不行了，就是这个道理。

"燕朋逆其师"，自己喜欢朋党游玩、吹牛的，混在一起，这是违反了师道的经验。"燕辟废其学"，个性非常孤僻，自己有一套路走，没有同学在一起研讨，切磋琢磨，则会落得孤单寂寞而少见闻。"此六者，教之所由废也"，这六项，是教育失败的原因。

关于教育相反的毛病，我都是简单扼要地对照前面来讲。但每句话都是很深的学问。读古书不是像现在读古文那么读哦，一看每个字都懂了，我常常笑同学们，你懂啦？看懂了，看完啦！我说你一个字都没看懂，看懂了就不是这样了。所以我讲这个话就是提醒大家读古书不像读现代书。"君子既知教之所由兴，又知教之所由废"，教育对的，有利于人，这一面讲了；教育坏的这一面也讲了，"然后可以为人师也"，作人师表，要做老师的，对于《学记》这一篇教育的大宗旨、目标，兴废的道理，先要搞清楚，才可以做人为师。

"故君子之教，喻也，道而弗牵，强而弗抑，开而弗达"，所以呀，很好的教育是用比喻的，不是填鸭子一样：你要通这样，这个原则要懂，这个公式要记到！好的教育是很轻松的，在笑话中讲了大道理，用比喻来讲。庄子喜欢用比喻，一个故事讲完了以后，这个故事里头很多学问都引发了，天下很多事情讲不好理由，只能用比喻来讲，所以这个比喻很重要。故君子之教，喻也，很轻松地就把道理解开了。

"道而弗牵，强而弗抑"，这个道是引导，教育是诱导。我们讲教育，常常说教育是什么，你们都学外国教育，教育是诱导法，什么叫诱导啊？就是骗，就是骗他的。释迦牟尼佛讲，他说我的教育啊，"空拳诳小儿！"如小孩子哭了，你不要哭，我这拳头有东西，你猜猜看？

他只要不哭了，打开来，没有东西！空拳诳小儿，这是比喻！"道而弗牵"，只引导牵引，不要一定要他这样那样，这是行不通的；"强而弗抑"，如果个性太强的你不能压制他，你压制他完了，你把这个孩子害了。"开而弗达"，有些人思想非常开放，你要想办法给他拦进一个轨道上。

"道而弗牵则和，强而弗抑则易"，个性很强的，你不要压制他，要想个办法带领他，很容易。"开而弗达则思"，非常浪漫、非常开放，很豁达的人，不肯用思想，你要使他进来。"和易以思，可谓善喻矣"，做老师要思考教育的目的，能和平，而不是那么凶凶威严的，是能很轻易的，随时在谈笑之间就轻易把他诱导过来，使人亲近又能自动思考，这才是善于晓喻。

学者有四失，教者必知之

"学者有四失，教者必知之。人之学也，或失则多，或失则寡，或失则易，或失则止。"做学问、教育有四个过失容易犯，老师一定要知道。"或失则多"，有人学太多了，知识求渊博，却一无所成。中国人有一句俗话："艺多不养家"，样样都知道，最后连一个职业都找不到，没有一门专长，没有饭吃。"或失则寡"，有人太专了，钻到牛角尖里去了，"或失则易"，或者太聪明的人，看书什么都懂，"或失则止"，有些人容易犯一个毛病，得少为主，知道一点点就满足了，认为懂了，心生轻忽，自我设限。

"此四者，心之莫同也"，这四点我们刚才简单讲过。严格分析起来，就是现在教育学所讲的性向学。一个孩子，一个学生，你把他的性格方向看清楚，他这个人没有科学的头脑，不喜欢机械，你不要向机械方面引导；他只能搞文学，你只好在文学方面引导，绝不能勉强。

"知其心，然后能救其失也。教也者，长善而救其失者也"，教育的目标是培养引导他，把好的引出来；救其失也，把缺点想办法隔开了。

　　"善歌者，使人继其声；善教者，使人继其志。其言也约而达，微而臧，罕譬而喻，可谓继志矣。"会唱歌的人，"使人继其声"，他叫人跟着唱，跟着他声音来；"善教者，使人继其志"，做父母、做师长的，善于教育的，则领导学生跟你达到同一目的，达到你所希望的。教育的方法，"其言也约而达"，约，简单明了，四方八面都可以通达，不要很啰嗦，什么都搞不清楚。我常常讲有些同学来跟我讲话，问一件事情，呵，讲了一大堆，我说我听不懂唉！不是我听不懂他声音，他太丰富了，要点没有抓住哦！我故意说听不懂，就是说"其言也约而达"，讲话要简单明了，一句话到底，这个很重要。"微而臧"，"微"，很小一句话，轻易一个字，完成了，"臧"就是完善、圆满了。"罕譬而喻"，用一句很小的笑话，或者任何一句话，一笑就带过去了。"可谓继志矣"，引导他的意志清楚，可算是使人继承其志了。

作之师　作之君　作之亲

"君子知至学之难易，而知其美恶，然后能博喻；能博喻然后能为师；能为师然后能为长；能为长然后能为君。"教育就是政治，所以中国古代上古作之师，做老师；作之君，就是做领袖；作之亲，等于父母长辈，三位一体，君亲师。现在没有看到了。

像我小的时候，在第二次世界大战，抗战以前，我们看好朋友，他说你到我家吃饭哦，好啊，明天去你家。进他家门吃饭，不是先见他父母哦，我们老规矩是先到他家堂屋大厅，向他祖宗行个礼，因为他是我的好朋友，朋友就是兄弟啊，所以向堂屋行个礼，然后见他父母，"伯伯，伯母，对不起哦，我是他同学，他叫我来吃饭……"都很受欢迎。常常看到厅堂里供的什么呢？老规矩，天地君亲师，五个字，中间的牌位不一定是祖宗，天、地，君代表国家，亲、师，父母、师长，这是中国的老文化，供的并不是菩萨，也不是上帝，也不是什么祖宗；有些家庭，就是中间一个牌位，我们进去不管它是什么，先向这个行礼了，等拜了他的祖宗，就一切拜完了，天地君亲师。

"君子知至学之难易，而知其美恶"，所以君子晓得学问深浅难易的顺序。一个教育家把人教成材是很难的，但是你晓得好教不好教，这个学生用什么方法引导的，知其美恶，晓得他将来的成就到什么程度，好坏都知道，"然后能博喻"，你再想办法引导他，用比方、用引诱的使他成功。"能博喻然后能为师"，做老师不是呆板的，要轻松潇洒幽默，广泛的晓谕，才可以做人之师。"能为师然后能为长"，真的能当一个好老师就可以做领导、搞政治、做长官了，"能为长然后能为君"，能做长官才能做君主、领袖。所以君亲师三位是一体的。

"故师也者，所以学为君也"，真的师道，就是君道。换一句话，好的教育家就是大政治家。"是故择师不可不慎也"，所以办教育，找老师不能不小心啊！"《记》曰，三王四代唯其师，此之谓乎！"古书说三王（天王、地王、人王），上古的帝王，四代，虞夏商周，古代君师道，上古的政治师道第一。譬如我常常讲，现在官做大了，反而不读书，你看唐宋明朝，清朝也一样，做皇帝随时上课，给皇帝上课的是什么人呢？普通人，考取进士的，皇帝看中了他的学问，叫经筵侍讲，看到某某人学问好，就让他在皇帝旁边坐着，可是做宰相的还不一定有这个资格。学问很好的，皇帝定期请他来讲课，那当然皇帝还是坐在上面，他不过位子摆在旁边，坐下来，向皇帝开讲，今天讲一篇主题，这叫经筵侍讲，给皇帝上课的。

师严道尊

"凡学之道，严师为难"，所以学问之道，做一个庄严的师傅是很难的，所谓"师严道尊"就是这样来的。这一句话"师严然后道尊，道尊然后民知敬学"，这个严不是说很严格、很凶哦，是庄严，他的学问道德值得人家尊敬，就叫做庄严，然后人民才会敬重学问认真学习。

"是故君之所不臣于其臣者二"，这是中国古代的礼貌。讲个故事给大家听，每个人看到皇帝都要跪拜，但是皇帝之师却不拜皇帝，但还是要对皇帝行礼，皇帝会赶快下来扶座，请老师坐。后来佛教来到中国，出家人见到皇帝不拜了，只是合掌行礼，因为尊重佛教、道教，你已经出了家了，世外人，以中国的师道来对待你，所以不拜。

这里告诉你古代有两种人不需跪拜皇帝；"当其为尸，则弗臣也"，尸是什么？拜神拜祖宗的时候，叫一个人扮菩萨，或者扮成祖宗，站在上面受祭，这种人不需要拜皇帝，皇帝还要拜他呢！因为他扮这个尸，不是尸体，是最高的尊位，"则弗臣也"，皇帝不敢拿他当臣子看待。"当其为师，则弗臣也"，就是古代对于师道的尊严。"大学之礼，虽诏于天子，无北面，所以尊师也"，中国古代文化尊师重道到什么程度呢？"虽诏于天子"，皇帝请他来做官，要见一面，虽然也下了诏书，但是来者不拜的。"无北面"，老师不处于面朝北的臣位，跟皇帝平起平坐的，这是师道尊严，"所以尊师也"。

/

善学与善问

"善学者，师逸而功倍，又从而庸之；不善学者，师勤而功半，又从而怨之"，前面讲师道，现在反过来讲求学的人。聪明的学生，老师很舒服啊，事半而功倍，又能将功劳归给老师。"不善学者"，有些笨人呢，"师勤而功半"，老师非常辛苦，他始终不能有成就，而且还埋怨老师，"又从而怨之"。

"善问者，如攻坚木，先其易者，后其节目，及其久也，相说以解"，他说，就讨论求学问之见，善于提问题的，或者老师问学生，或者学生有困难问老师，有聪敏智慧的人攻坚，先问重点，不要啰嗦，重点先讲，他说像对坚硬的木头一样，先从容易的地方下手，然后一节一节来，最后就统统解开了，彼此都很高兴。"不善问者反此"，不善于发问的，用的方法正好相反。我常常告诉同学们，你学会了这道理，将来可以从事政治当领导人，坐在上面，下面几千个人，纷纷发言，有些听都不能听的话，你还要笑笑都听进去；听完了以后，你攻坚，三言两语把问题解决了，这是从教育学生来的，做学问也是这样。

"善待问者如撞钟，叩之以小者则小鸣，叩之以大者则大鸣，待其从容，然后尽其声"，善于回答问题的人，如做老师、做领袖、做主席，当大众开会的时候，你是冷静的，你随便他们，反对也好，讲什么理由也好，让他们发挥完，等于打钟一样，他们打的力量小，那个钟反应的声音小；问题大，钟的声音"嗡"，出来就大，看他讲的问题来反应，轻松就解决了。"待其从容，然后尽其声"，你不要压制人家发表意见；所以我常常说，善于听话的人就是善于说话的人，不善于听话，自己也不善于说话。"不善答问者反此"，一问一答之间就是教育，相反的也就是这个道理了，"此皆进学之道也"，这都是求学问的道理。

/

为师之资格

下面就讲做老师很严重的问题，这篇是中国教育的方向，也是政治的大方向。"记问之学，不足以为人师"，知识渊博，学问什么都懂，但没有自己的见解，没有资格做人家老师，这不过是知识的传播者，在古代叫经师，就是知识的学问，这叫记问之学，记得多，很渊博，但不足以为人师。"必也其听语乎！力不能问，然后语之。语之而不知，虽舍之可也"，知识很渊博的人是很值得恭敬，但不算是一个好老师，好的老师要有人品、修养、且教导有方。所以只有记问之学，不足以为人师。"必也其听语乎"，一个好老师，要能听人家问话，也会讲话。"力不能问，然后语之"，当学生没有能力发问时，能给予好的诱导，且有人品，人格足以为人师，虽知识不一定渊博，但可以向他请教了。既没有学问，又没有人品，那就不必谈了！"语之而不知，虽舍之可也"，若讲了仍不懂，就先打住，不讲下去。

"良冶之子，必学为裘；良弓之子，必学为箕"，这四句话变成中国的成语，"良冶"是打铁、打金、打银子的；打铁的，"必学为裘"，要把好的金子银子变成一个花样，打成戒指，先要学着做裁缝；"良弓之子，必学为箕"，弓箭是古代的武器，要想有做出好弓箭的技艺，"必学为箕"，要先学会做畚箕。"始驾马者反之，车在马前"，讲教学的道理，教人家做老师的，自己必须要有一套教学的方法与本事，能够转弯的教。如训练刚学驾车的马，车与马的顺序是相反的，先让车在前面，马在后面跟，等到马跟熟了，再让马到前面拉车子走。"君子察于此三者，可以有志于学矣"，这三种是很普通的道理，一个教学的人，办教育的，你在这三个方面有深入的研究，那么就可以谈到教学和做学问了。

"古之学者，比物丑类。鼓无当于五声，五声弗得不和；水无当于五色，五色弗得不章；学无当于五官，五官弗得不治。师无当于五服，五服弗得不亲"，这是讲当老师的一个大原则。古代做学问，"比物丑类"，是这一段里头最重要的四个字，古代有学博物，把一切物理的道理弄通了，同样用之于人文思想方面就通了，叫比物丑类，以同类之事互相比方。

所以学音乐的，都知道中国古代的音乐，鼓音并不是五音中之任何一音，但鼓音很重要，打鼓是集中人的注意力；现在唱京戏，唱昆戏，鼓一响就表示开始了，鼓是一切音乐里的领袖，鼓声是领导一切乐器的，乐器必须要配合鼓声。"水无当于五色，五色弗得不章"，水没有颜色，但是红黄蓝白黑这个化学的色却必须要水来调和。"学无当于五官"，学问同眼睛、耳朵、鼻子、嘴巴没有关系，但是求了学问使你眼睛看东西灵敏了，听声音不同了，所以说，学无当于五官，但"五官弗得不治"。"师无当于五服"，老师不属于祖宗范围以内任何关系（祖宗是五服，五服是什么呢？我们自己上面是父亲，父亲上面是祖父，祖父上面曾祖父，这样五代，下来也是五代，儿子孙子曾孙子玄孙子等等），老师不在五服以内，"五服弗得不亲"，可老师是超越师长、父母、祖先的辈分，如果没有老师教导，人伦之间的关系就不容易弄懂了。

"君子曰：大德不官，大道不器，大信不约，大时不齐"，"大德不官"这个官不是做官的官，是管理的管，真的道德品行很高的，不属于一般管理范围以内。"大道不器"，真正有道，不成一个东西，他是空的，四方八面空的，有一个东西、变成一个器具，这不是道。"大信不约"，真的有信用的人讲一句话，点个头即是，不要写契约了，不要立法的。"大时不齐"，真的好的大吉大利的时间，不用选时间的，也不要拜拜的。"察于此四者，可以有志于本矣"，做学问懂得这个道理，就是晓得学问的根本了。

"三王之祭川也，皆先河而后海，或源也，或委也。此之谓务本"，最后这段文字讲了几句话，好像不大相干的，但很重要。上古以来，这个三王，什么王？这个王字不代表皇帝，就是现在讲传统，古代文化，在祭山川、鬼神、拜天时，先拜河源，黄河之源，后拜大海。因为河流入海才成大海，先本后末，这就叫"务本"。

这一篇文章是教育的根本，我们大概把这一篇讨论完了。

师
说

南怀瑾先生讲述

师说

韩愈

　　古之学者必有师，师者，所以传道授业解惑也。人非生而知之者，孰能无惑？惑而不从师，其为惑也，终不解矣。

　　生乎吾前，其闻道也固先乎吾，吾从而师之；生乎吾后，其闻道也亦先乎吾，吾从而师之。吾师道也，夫庸知其年之先后生于吾乎？是故无贵、无贱、无长、无少，道之所存，师之所存也。

　　嗟呼！师道之不传也久矣，欲人之无惑也难矣。古之圣人，其出人也远矣，犹且从师而问焉；今之众人，其下圣人也亦远矣，而耻学于师。是故圣益圣，愚益愚。圣人之所以为圣，愚人之所以为愚，其皆出于此乎？

　　爱其子，择师而教之，于其身也，则耻师焉，惑矣！彼童子之师，授之书而习其句读者，非吾所谓传其道、解其惑者也。句读之不知，惑之不解，或师焉，或不焉，小学而大遗，吾未见其明也。

巫、医、乐师、百工之人，不耻相师。士大夫之族曰"师"曰"弟子"之云者，则群聚而笑之。问之，则曰：彼与彼年相若也，道相似也，位卑则足羞，官盛则近谀。呜呼！师道之不复，可知矣。巫、医、乐师、百工之人，君子不齿，今其智乃反不能及，其可怪也欤！

圣人无常师。孔子师郯子、苌弘、师襄、老聃。郯子之徒，其贤不及孔子，孔子曰："三人行，必有我师。"是故弟子不必不如师，师不必贤于弟子。闻道有先后，术业有专攻，如是而已。

李氏子蟠，年十七，好古文，六艺经传，皆通习之。不拘于时，请学于余。余嘉其能行古道，作师说以遗之。

/

师者传道授业解惑也

第二篇想来讲讲韩愈的《师说》。这篇文章很短，在

《古文观止》上有，讲师道，大概可以念一下，很快。"古之学者必有师，师者，所以传道授业解惑也"，就是这三个要点，唐代韩愈提出来以后，中国人讲文化，讲老师的目的，始终引用他这篇文章。老师的责任就是三个要点：古之学者必有师，师者，所以传道一，授业二，解惑，解答问题，这三点。"人非生而知之者，孰能无惑？"人生下来，都靠学问来的，哪个没有问题呢？"惑而不从师，其为惑也，终不解矣"，必须要问人，古人有所谓一字之师，就是一个字不认识也要问一下。所以孔子的老师有一个叫项橐，七岁，孔子叫他老师，因为孔子有个字不认识问过他，所以项橐七岁为孔子之师。

"生乎吾前，其闻道也固先乎吾，吾从而师之；生乎吾后，其闻道也亦先乎吾，吾从而师之。吾师道也，夫庸知其年之先后生于吾乎"，有人年纪比我大，我有问题求他给我解答，就是我的老师；有人年纪比我轻，我有问题，他给我解答，这就是我老师。我的重点是尊重学问、尊重老师，并不管他年龄的大小。"是故无贵、无贱、无长、无少，道之所存，师之所存也"，所以要了解做老师的，也不管你是做官的，或者是做相、讨饭的，最著名的，年纪大年纪小，我都不管，只要他解答我的问题，这个就是老师所在的地方。

师道不复

"嗟乎！师道之不传也久矣，欲人之无惑也难矣"，可是现在人已经不尊重老师了，太可惜了！"古之圣人，其出人也远矣，犹且从师而问焉；今之众人，其下圣人也亦远矣，而耻学于师"，古代的圣人，做皇帝的还尊重老师，向人家请教；现代人吹牛吹大了，什么都不懂，远远比不上圣人，自己还耻于向人家请教。"是故圣益圣，愚益愚。圣人之所以为圣，愚人之所以为愚，其皆出于此乎？"这就是不肯从师学习的结果。

"爱其子，择师而教之，于其身也，则耻师焉"，人有一个心理，喜欢给儿子找个好老师，他本身的混账不管了，没有为自己找个好老师，无所谓，却喜欢给儿子找个好老师，"惑矣！"这个就是一大错误！"彼童子之师，授之书而习其句读者，非吾所谓传其道、解其惑者也"，教儿子拜个老师，学习诵读和句读，这个不稀奇，我现在讲的老师不是这样的老师，是上面讲的能传道授业解惑的。"句读之不知，惑之不解，或师焉，或不焉，小学而大遗，吾未见其明也"，不懂得文字、句读，肯向老师学习，但遇到疑惑，却不肯请老师教导；学习小处却遗漏大处，我看不出有什么高明的地方。这个不算数的，真的找一个老师是很难很难的。

"巫、医、乐师、百工之人，不耻相师"，你看学医药的，念咒子的，学迷信的，乃至学音乐都晓得找一个老师，互相学习；"士大夫之族曰'师'曰'弟子'之云者，则群聚而笑之"，有知识的人，地位高一点，有个工作做了官了，再向人家叫老师拜师，从来没有这回事，别人看到也会笑话的，他说这个是错误的观念。"问之，则曰：彼与彼年相若也，道相似也，位卑则足羞，官盛则近谀"，你问他，为什么不拜老师呢？他说他的年龄跟我一样，学问到底固然比我好，但年龄一样，"道相似也"，也许我拿到博士，他说不定大学还没有毕业！"位卑则足羞"，或者他地位比我低，向地位比我低的人学习，就会感到很羞耻；"官盛则近谀"，向官位比我大的人请教，又接近谄媚，我也不愿意拍马屁呀！因此师道就没有了。

"呜呼！师道之不复，可知矣"，现在没有真正的师道了！"巫、医、乐师、百工之人，君子不齿，今其智乃反不能及，其可怪也欤"，巫师、医师、乐师和各种工匠，君子不齿与他们并列，现在这些君子的智慧却及不上他们，真是怪事啊！社会上学个手艺、学个木工的都叫人师傅，真正求道求师的人却没有了！

三人行必有我师

"圣人无常师。孔子师郯子、苌弘、师襄、老聃。郯子之徒，其贤不及孔子"，古代圣人不是只认一个老师，而是比他高的就拜师，孔子之师有郯子、苌弘、师襄、老子，老子叫老聃。"郯子之徒，其贤不及孔子"，郯子是普通人，孔子还叫他老师。"孔子曰：'三人行，必有我师'"，孔子说有三个人在一起，总有一个人有长处，那个长处就是我的老师；"是故弟子不必不如师，师不必贤于弟子"，这两句是重点了，所以你要晓得，搞教育，学生有时比老师高明，你不要认为学生都不及你，学生、弟子不必不如师，师呢，也不见得非要超过学生不可。"闻道有先后，术业有专攻，如是而已"，不过老师先知道而教你，你应该认他为师，尊重他，不管他年龄地位一切等等。且每个人的技术学业各有专门的研究，就是这样罢了。

韩愈说，我为什么写这一篇文章呢？我的一个学生叫李蟠，"年十七，好古文，六艺经传，皆通习之"，学问很好，"不拘于时，请学于余"，他不受时下风气所拘束，来拜我为师，"余嘉其能行古道，作师说以贻之"，我很钦佩他能遵循古人之道从师问学，所以写了这一篇文章《师说》给他。

这篇文章同《学记》这篇一样，很值得注意。

南怀瑾与交大附小

李首民校长谈话

谈到儿童教育，我想先从一篇最古老的《朱子治家格言》讲起，从洒扫应对谈到国内教育。校长，你不要见怪啊。

我的教育背景

关于教育问题，你们还没有资格讲。为什么？你们没有受过传统教育呀，没有在家里读书。我当年还扎过辫子，戴瓜皮帽，向孔子拜了叩头的。我是私塾出身，十一岁再转到洋学堂，进高等小学，等于现在的中学到高中程度。那时已经有英文、数学、生物等科目，什么都有了。我毕业时呢，是第一名，倒数第一名。可是我也毕业了，跟上了。因为前面的课我都没有听啊，只读了一年。

我从私塾出身，进过洋学堂；然后出来，进过武术学校，如国术学校；我也受过军事学校教育，我也教过军官，自己当过兵，也带过兵。所以新的，旧的，洋的……所有的教育利弊，我都清楚。

演变到今天，我常常告诉教育主管部门，在台湾，我们当年把教育改变了，每个学校，从我们小学开始的，最重要是修身这一课。日本时代开始改的，跟着日本明治维新改革，课程是修身。到北伐成功以后呢，变成伦理，然后共产党现在变成政治。办教育三个东西，一个是教务，一个是训导（国民党叫训导），再加上一个总务。教务，训导，总务，三个重点，这些文武教育，我都受过。

教育伦理没了

时代变化，当年我就感觉到不对，自己才刚从大学出来，十九岁就带人了。到我在军校给他们上课的时候，是军官教育的,那些当过县长、当过团长的调回来,一两百人听我上课,我还只有二十五岁哎!只好把胡子留起来,人家问我年纪,我说四十五。我自己内心已经觉得这个教育是不对的。

这些人等于一半有当我老师的资格,结果你给他们培训啊,很多都是老党员,听你这些年轻人胡说,教育风气破坏了。这个问题就牵涉到大家所讲的阶级问题。你看我们中国传统的教育,是非常尊重老师的,以前我们在家里小时候的第一个老师,假定我考取状元,做了宰相,我回来还是要向老师跪拜的啊。

现在不同,一个校长调职,再受训时,说不定上面讲课的老师,是他原来的学生啊。教育伦理没有了,这是很严重的一个问题。讲起来似乎是封建思想了,但其实是教育伦理没有了,你懂了吧?

再比如军校,第一届毕业的,你讲黄埔军校,我最清楚,开头念黄埔的,后来都当总司令、省长;他们只有中学毕业,就算有程度的了,许多是小学没有毕业的啊!

二十年以后当省主席，就什么都懂了。总司令，好像学问好得很，其实程度都不够啊！而这些人负责教后期的学生，可能大学毕业的还要听他上课呢！

所以革命以后，教育伦理破坏了。

过去讲科举、考功名的，对老师的定义是完全不同的。以前我去考举人、考进士，譬如，李老师是主考官的副考，他还不是考官，是看卷子的。看我的卷子，卷子是密封的，他看到文章好，但不知道是谁啊，他就写上这一篇可以录取。送给主考官，主考官看了房师的意见，自己再看一道，加上自己意见，就考取进士。

可是考取进士来，第一个去拜门是去拜房师的啊，叫做门生。即使他以后做了宰相，一辈子他都是他的门生呀！你看这是阶级观念，是有个教育的伦理在。这个教育伦理，影响你做官的，做得不好，要杀！所以明朝方孝孺跟皇帝两个人吵，我做得不好你充其量杀我九族嘛！永乐说，我偏要杀你十族，你的老师一定要杀！老师全都杀啦，加上老师就是十族。换句话说，过去做老师是负责学生一辈子啊。

不再尊师重道

现在，我们教育的伦理很薄弱了。你说李老师教了十几年中学了，他学生出去做大老板，或者是到了北京，活动活动，就做什么代表啦，李老师去还得求他呢。他，唉，表面上叫你是老师，心里却不是这么想。这个很多问题啦。

所以恢复传统文化，是一个体制的问题，这就是政治的体制了，你晓得吧？尊师重道没有了。

我在台湾看到的，最尊师重道是小学。所以我的孩子们小学回来，过教师节的时候（就是孔子诞辰，台湾规定是教师节），孩子们回来，要去敬师了，我们拿个红包一百块，孩子感到不高兴："哎，爸爸……""好好好，再加一百块，好不好？""可以了。"

　　敬师的礼金越多越好，这是小学的孩子。到中学就马虎一点了，二十块就可以。到大学，狗屁！老师？根本不理了，现在就是这样，变成这个风气。像陈定国到复旦演讲，我听他的课，一样要站起来，这是起码的礼貌。

　　所以教育，教师问题很大。没有办法，社会、整个国家风气是这样。但是你放眼一看，全世界每一个政府的教育经费都是最低的，军事经费却占第一位。可是你说低嘛，也应该够用。为什么不够用？因为一部分是用在留学生身上；所以我说现在百年内的教育，是误在留学生手里。这些留学生，海归的，都有问题。第二个教育经费问题，则是办学校办错了。怎么样也改不了，真的。

考试制度

　　中国的教育，还是要采用古代的考试制度。所以孙中山五权宪法保留了考试制度，这是很有道理的，可是后来没有实行了。假使用考试制度，譬如说，你把经费拨给每个乡镇，修一个教育馆，提供大学教授很高的待遇，要到乡下去。你教经济的，规定一个礼拜上课，任何农民、男女老幼都可以来听课的。科学的讲科学，科学馆都要修得很好。

老师派下去，全国不需要多少。然后三年一考，随便你几岁都可以来考，考取了就按等授予学位。这样可以省多少经费，而又不妨碍农民？采用了新的学府制度，这是拿破仑以后才开始这个大学制度，分科建设学校。我们要学，得先学会这一套。

住校制度

学校制度，我是主张文武合一的，统统住校。像我，十一、二岁读高等小学是住校的，四个人一桌吃饭，都很规矩。晚上补习是老师带着轮流补习的，九点钟睡觉。现在呢，学生放学回来，为了联考，还要请家庭教师来补习，浪费许多经费，也浪费许多人力。

如果照我说的制度，全国人民十二亿人，都可以读书。考试考不取，也没有关系，我做学问嘛，考取了就有学位。现在这个教育，学校到现在为止，连硬件都没有办好。

家长需要再教育

蒋老头子到台湾以后，先是六年教育，后来变九年。改了以后，你硬件不行，学生不能住校，尤其现在社会，没有一个家长够格。

家长就是要再受教育，因为没有一个够得上做家长。学生一送到学校，不好了，学校负责任；长大犯了罪，社会负责任。嘿，社会，你犯罪同我何相干啊？我也是社会的一份子啊！这都是乱推的啊。

学校教给你的是知识耶！孩子不好，不是学校没有教好，是你家庭教育没有做好啊！所以记得我们小时候出去，看到孩子很好，会说："哎呀，你的孩子家教那么好啊？家规那么好啊？"现在的父母不负责任，孩子不对了，把他一拉，带来找老师。哪有这个道理？这是在干什么？所以《三字经》上说："养不教，父之过，教不严，师之惰"，老师没有负你这个责任，又不准打骂。这个什么教育呀？

这个是制度问题，你知道吧？改不了的。这些校长们很痛苦啊！在台湾有个小学老师，是我的学生，她回来告诉我一件事。她说有个学生，开口闭口就是"他妈的"。老师骂他，"他妈的，我没有什么不对"；老师打他，"哎，他妈的，你怎么打我呢？"这个女老师气得去找家长，父亲一听，立刻说："他妈的，他在学校骂人啊？你过来！他妈的，你怎么骂人啊？""他妈的，我没有骂人啊!"老师一看这情况,知道讲也没有用,赶快跑了。

家教啊!现在全是家教问题。你看,独子一个,宠爱得那个样子。我还是真正的独子啊!哪里宠过?但现在独子问题严重得很啊!(台湾也是一样)都是黄皮肤的中国人。

/

老龄化的问题

你说生孩子啊?台湾没有规定啦。现在呢,大陆政策也要放松了。老龄化时代来了,我几十年前就讲,你们为了粮食问题订这个政策,但这不是理由啊!中国是二十亿人口都可以容纳的啊!

我说你们这样啊,三十年以后,一定会有世界战争的,只是不知道哪里发动。将来的战争都叫老头子老太太上阵,不行吧?再说现在孩子都是近视眼,到时候说:"哎,等一等啊,我眼镜没有戴好,慢一点打啊",都不对的啊！

现在是十二亿人口，老龄化问题已经出来了，慢慢严重了。（我听说上海的高层官员，最担心的就是人口的老龄化问题。）现在营养好，卫生又好，像我们都活到八十几了。本来活到六十岁很好了，谁知道还能再活下去。老而不死谓之贼，都是多余了。

/

官做不好就教书去？

学生："老师，您刚才讲现在这个伦理啊，好像学生对老师没有那种应该有的尊重和尊敬，那现在说句良心话，很多老师实在是不像老师。"

当然啊！君臣父子，君没有君样，臣没有臣样，老师没有老师样子。

我在《论语别裁》上也提到过啊，我们过去讲"学而优则仕"，现在是学而优则商，学问好了去做生意。商而不优则仕，生意做不好就回去做官。仕而不优则学，官做不好，就去教书去，里里外外就是这一批。这也就是我在军校常骂的，能干的不肯干，肯干的不能干，留下来的既不能干，又不肯干，是不是？

我们这位老弟也一样，他学而优则商了，如果生意做不好，他还有官做，官做不好，回来做老师去。

/

电脑带来的问题

尤其现在时代进步了，你没有办法抵挡潮流的，教育制度想配合，内容都跟不上了。现在有电脑网路了，家庭里的孩子开始接触电脑，网路教育。你阻止不了的啊！你负责教育的人，要晓得这个，手机、电脑的影响马上就会显现了。

你现在负责教育，后来的发展你先要注意到的，如何先有一个对策来对付？结果我们教育思想走的路，方法还是古老的。时代都到了这一步了，对不对？

你不让孩子们学电脑，将来不行。然后现在眼睛统统退化，近视。你也近视啊，就是因为现在的书字太小，纸张又白。

我们以前读书是在蜡烛、油灯下面，尤其我在峨眉山读了三年的藏经，只用一根灯草，后来我要加强到三根灯草啊！一个碟子，上面就有三根灯草，要拨大一点就这样拨。我连夜看书，眼睛怎么没有坏啊？

现在灯光强烈，只有白光，加上电脑一搞，将来全中国都是盲人了。以前我们考陆军，大学学生来报考，有一年我当主考官，那一年特别规定，戴眼镜的出去，不要考了。叫你来做指挥官，还等你戴眼镜去打仗啊？这个第一关通不过的。

所以你看，我们老古出版的书，现在我们从橱窗里，随便拿一本都是标准的，字大纸黄。你知道吧？就是考虑到眼睛问题，可是我们只能在自己能力范围里这样做，不能要求别人。

/

胎教的重要

我们的传统教育是从胎教开始的，从周朝开始，《礼记》规定的胎教，一怀孕，已经开始教育了。

现在有科学证据哦，美国研究婴儿在子宫里头，六个月以后就已经知道外面事。你两夫妻，讲话，吵架，做什么都晓得，都听得见。现在有科学的证明，而中国人早就知道，从胎教开始。

所以《礼记》规定，一怀孕以后夫妻就分开住了。看的书不同，贴的画不同，讲的话都不同。我们乡下人说，怀孕的时候不要钉钉子，"蹦啊蹦"地敲，将来会难产啊！实际上这是以迷信来教育，意思是说你不要敲敲打打，以免惊动了胎儿。这些都属于胎教。

儿童教育

那么中国《礼记》上，规定儿童教育是怎么样的？譬如兄弟姐妹，他到五岁以后就分开住了，即使是亲生的也不准住一起。再譬如我们小时候背《礼记》，"尊客之前不叱狗"，请客的时候，比如校长来，你不要骂狗哦！"他妈的，讨厌，你怎么吃那么多啊？"搞不好那个客人以为你骂他呢。所以"尊客之前不叱狗"。

"入门声必扬"，一进来，先敲敲房门，现在好像是外国人的。"入户声必喧"，到人家家里，我们乡下人都会嘛："某某朋友啊，在家吗？"远远就要叫的。因为家里两夫妻啊，或者有什么秘密的事，你要"入门声必扬，入室声必喧"才合于礼，都有教育的。这些是生活教育了，就是洒扫应对的基本教育。可惜这一套我们现在都没有了，已不懂传统教育。

你问教委，什么是《礼记》？他以为专门行礼的就叫《礼记》。哎呀！所以说，古人这句话讲得好，"书到今生读已迟"！

　　然后是儿童教育，都有规定的。为什么二十岁叫弱冠呢？怎么样叫成人教育？十八岁以后进入成人教育，所以《大学》《中庸》是成人教育啊！这些他们不去研究，现在一来就讲外国的教育。

杜威教育的影响

　　现在我说这一代，全世界都害在杜威教育思想的实用主义，大家都走这个路线。

　　杜威的教育思想影响中国很厉害，这是胡适之搞来的。到八四年以后，上海搞了个课程与教材改革。实际上最早的诱发，就是从杜威的实用主义来的。然后也有我们教育官员，理解比较深刻的，感觉到杜威那个东西啊，太实用主义了，就想办法再加进一点其他的东西。但在基本上，他的哲学和理念，还是杜威的那个东西。所以现在又开始改了。

二〇一〇年

南怀瑾对学校教师讲话（一）

摘自《廿一世纪初的前言后语》上册

第一讲

大家请坐，我们随便闲谈，今天麻烦大家抽个时间，来谈谈儿童教育的问题。

/

人生以什么为目的

先讲我的感想，我对于这里所有的年轻老师们，真的很佩服，这不是说空话。为什么佩服？你们都很年轻，尤其受现代大陆的教育出身，在这个时代，能够待在我们庙港这里，既没有娱乐场所，好像也没有讲恋爱的机会，但是你们都安心工作，所以实在令人佩服。太湖大学堂真是一个修行的地方，你们诸位在这里，等于在一个冷飕飕的古庙里，却非常认真热情地教育孩子们。你们诸位晚上没有出去玩，都很清心寡欲，有空的时间还在读书锻炼身体；有时候我随便讲一点课，你们有兴趣也来听，这个非常难得。老实讲，将心比心，我在比你们还年轻的时候，十九岁就出来做事了，二十一岁就带兵了，而心情能不能像你们这样安定，我自己都不敢想，这也是佩服你们的另一个原因。这是第一点讲心里的话。

第二点我觉得大家还要进修，进修是为个人自己的前途，你们将来不论是否仍从事教育，进修都是很重要的。这在哲学上有个名称叫"人生观"，我常常说现在这个教育错了，也没有真正讲哲学，因为要讲真正的哲学，人生观很重要。我发现现代许多人，甚至到六七十岁，都没有一个正确的人生观。我常常问一些朋友，有的很发财，有的官做得大，我说你们究竟要做个什么样的人，有个正确的人生观吗？他们回答，老师你怎么问这个话？我说是啊！我不晓得你要做个什么样的人啊！譬如你们做官的人，你想流芳百世还是遗臭万年？这是人生的两个典型。发财的呢？我也经常问，你们现在很发财了，你究竟这一辈子想做什么？可是我接触到的发财朋友，十个里头差不多有五双都会说，老师啊，真的不知道啊！钱很多，很茫然。我说对了，这就是教育问题，没有人生观。

我九十几岁了，看五六十岁都是年轻人，这是真话。有些人都五六十岁了，他们还觉得自己年轻得很呢！我在五六十岁的时候也精神百倍，比现在好多了，现在已经衰老了。但是五六十岁也算年龄大了，却还没有一个真正正确的人生观；换一句话说，看到现在我们国内十几亿人口，甚至全世界六七十亿人口，真正懂得人生、理解自己人生目的与价值的，有多少人呢？这是一个大问题，也就是教育的问题。

我二十三岁时，中国正在跟日本打仗，四川大学请我演讲。我问讲什么？总有一个题目吧？有个同学提出来，那就讲"人生的目的"。我说这就是一个问题，我说人生什么叫目的？先解决逻辑上命题的问题，是题目的主要中心。什么叫目的？譬如像我们现在出门上街买衣服，目标是衣服店，这是一个目的。请问人生从娘肚子生下来，谁带来了一个目的啊？现在有人讲人生以享受为目的，这也是一种目的；民国初年孙中山领导全民的思想，说"人生以服务为目的"。当年孙先生，我们习惯叫孙总理，提到孙总理谁敢批评啊？可是我很大胆，我说孙总理说"人生以服务为目的"也不对。谁从娘胎里出来就说自己是来服务的啊？没有吧！所谓人生以享受为目的、以服务为目的，不管以什么为目的，都是后来的人，读书读了一点知识，自己乱加上的。我说你们叫我讲的这个题目，本身命题错误，这个题目不成立。但是你们已经提出来要我讲人生的目的，我说第二个道理，在逻辑上这个命题本身已经有答案，答案就是人生以人生为目的。

说到人生以人生为目的，现在许多人都搞不清楚了。那么人活着，生命的价值是什么？这也是个问题。刚才我提过，一个人作官，是想流芳千古，或者是遗臭万年？这两句话不是我讲的，是晋朝一个大英雄桓温讲的。这样一个大人物，他要造反，人家劝他，他说人生不流芳千古就遗臭万年，就算给人家骂一万年也可以啊，他要做一代的英雄，这也就是他的人生价值观。在历史上有这么一个人，公然讲出了他的人生目的。

讲到人生的价值，我现在年纪大了，一半是开玩笑，一半是真话，我说人生是"莫名其妙地生来"——我们都是莫名其妙地生来，父母也莫名其妙地生我们，然后"无可奈何地活着，不知所以然地死掉"，这样做一辈子的人，不是很滑稽吗？

学者效也

我现在讲这些话听起来和今天要讲的题目愈离愈远了，我拉回来讲，这就是教育问题。今天来讲话，也是为这个主题来的。譬如我们学校，孩子们发生一些问题，虽然我都不管，冷眼旁观，但耳朵听到风声，已经知道一切了，这是老年人的经验。孩子们的问题，是教育问题，也是人性的问题。刚才我提到人生这些问题，牵涉到全世界人类的教育问题，而教育的基本是人性的问题，人怎么有思想？这个思想是唯物还是唯心的？人怎么有情绪？怎么有喜怒哀乐？中国人有两句老话"人心不同，各如其面"。你看我们人类很奇怪，我们中国十几亿乃至全世界六七十亿人口，同样有眉毛、眼睛、鼻子、嘴巴、耳朵，但没有两个人是一模一样的。你说他同他很相像，真比较起来还是有差别的。

所以中国的哲学跟西方不同，"人心不同，各如其面"，中国人这一句土话是最大的哲学，也是最大的科学。如果研究科学，那就是基因问题了。基因是个什么东西？譬如上一次香港研究基因最有名的医生来时，我就告诉他，基因不是生命最初的来源，基因后面还有东西。他说是，是有问题。他这一次再来，说发现是有个东西，我说再后面还有，还没有完全发现。

所以这个人性究竟是怎么一回事，是一个问题；而教育最高的目的是培养人性，指向人性。中国人讲学校、学问，这个学字的古文怎么解释？你们里头的老师们都正在研究国学，这个学字是这样解释的："学者效也"，效法，效也是学习。譬如我们唱歌、跳舞、练拳，少林寺的高手王老师教你们易筋经，你们看到没有？我们几十个人学，哪一个学得跟王老师的姿势、神气、内涵一样？这个标准很难。我说学武功、读书、写文章、演戏、唱歌，能够学习效法跟老师一模一样，是很难做到的。这是学的问题，也就是效的问题，更是我们搞教育的大问题。而所谓学校这个校字，木字旁边一个交，那是盖一个地方，集中大家来学习，就是学校。

讲到做一个老师，现在中国人所了解的西方教育是爱；我听了就笑，你们看了几本书？你讲的西方是美国还是法国、德国，或是荷兰、意大利？西方有几千年历史，讲教育就是一个爱字吗？中国都没有吗？中国爱字也早讲了耶！至于什么叫做爱？这都是问题。

再回来讲到学与效，中国《礼记》讲这个效，我们做老师的、办教育的，任务太重了，孩子们随时在效法老师、父母。教育不光是嘴巴里教，也不只是读书，父母、老师的行为、思想、情绪和动作，无形中孩子们都学进去了。这就是教育，这个教育叫"耳濡目染"，孩子们天生有耳朵、有眼睛，他听到了，也看到了。老师们偶尔讲两句黄色笑话，你以为孩子们没有注意听，实际上他已经听到了，这叫耳濡目染。父母也好，师长也好，社会上的人也好，他们随便有个动作，孩子们一眼看到，已经发生影响了，这就是教育。所以教育不只是在你上课教些什么，整个的天地，自然的环境，统统是教育。

经师易得　人师难求

　　中国古书上有两句话，"经师易得，人师难求"。老师有两种，一个是经师，一个是人师。古代所谓经师，是教各种各样知识学问的。下自现在的幼稚园、小学老师，上至大学里教硕士、博士的大教授，不过是传播知识的经师而已。我也做过大学教授多年，也带过硕士生、博士生，从我手里毕业的硕士博士很多。我说小兄弟啊，告诉你吧，学位一定让你通过，恭喜你，不过你尽管拿到博士学位，这个学位是骗人的，拿这张文凭骗饭吃，学问还谈不上。学问连我都没有，活到老，学到老，学者效也，这个效果在哪里？很难了。

　　我常常说，现在的教育哪有老师啊？我在大学里上课，派头很大，大家都晓得南老师来上课，同学们喊立正啊，我说请坐，请坐。因为我真怕，为什么怕？我二十一岁起带兵，上场校阅，统统是这样，满校场几千人，喊立正，司令官万岁。那时自己留个胡子，冒充四五十岁，自己觉得好高好伟大啊！可是一年以后我就领悟到了，这是什么狗屁的事！这是唱戏嘛！万人敬仰，一呼百诺，这个威风大吧！只要出个声，大家都害怕了；眼睛看看茶杯，好几杯茶就来了，这个味道一般人觉得很好过啊！可是我已经领悟到了，这没有道理。

那个时候都是勤务兵为长官添饭，而我吃完了自己添，服侍我的勤务兵看到都傻了，他说大家都是这样，你怎么不让我添饭？你不要我了啊？我说没有啊！我是人，你也是人，我有两只手可以做；我现在作官，你给我添饭，我老了谁给我添饭？我不能浪费我的手不用啊！我需要的时候再叫你添。这同教育都有关系。所以我带兵的时候，兵跟我就是兄弟。对兵讲话，不像跟你们讲话，对兵讲话很简单，"他妈的"，你以为那是骂人吗？有时候那是奖励的话。这些兵多数是文盲，没读过书，要是像我们今天这样对他们讲话，那要他的命了，他才懒得听。你娘的，我妈的，他就懂了。这也是教育。

刚才讲"经师易得",传播知识容易;"人师难求",人师是用自己的行为、品性、言语影响学生。有道德有品性,一辈子给孩子们效法,这叫人师。大家想想,我们在座的都受过教育,由幼稚园到初高中、大学,请问哪个老师给你印象最深刻?有几个是你最敬佩的?我想很少。例如我学拳术武功,有八九十个老师,少林、武当,十八般兵器我都学过。我对于学武的老师都很恭敬,后来到台湾还碰到一两个,他看到我好高兴,我请他到家里吃饭。他爱喝酒,我请了一次就再也不敢请了。他一餐饭吃了六个钟头,慢慢喝酒,就谈那一些讲过的事;他希望我在台湾恢复武术的教育。这个老师专学武的,没有文化基础,不像我们这里的王老师,所以我非常钦佩王老师。

我学文的老师,差不多也有一百多个,而且有前清的举人,有功名的。真正的老师,我只有一个袁老师,另外还有一两个学文的老师。我现在提一个问题,也给你们参考，我们大家反省，那么多的老师中，能影响自己一生，值得效法、敬佩、亲爱的，能够一想就想起，想起他就跟想到自己父母一样的，有哪一些？我想大家跟我一样，从小受教育到现在，多少老师都忘掉了，为什么？"人师难求"。现在我们做人家的老师了，注意，要给受教育的孩子们留下你的影像。说了半天乱七八糟的话，我就是解释"经师易得，人师难求"这两句话。

古代教育的目标

我们现在再讲中国的教育。先不谈西方什么爱的教育，西方爱的教育这个观念，到现在流行八九十年了。我们原本的教育不讲爱不爱的，但比爱还严重。我们中华民族公认的老祖宗——黄帝轩辕氏，一切文化、一切基础在那时已经开始，到现在四千七百多年了。我们的历史，也是从那个时候开始的。

西方讲教育史，可以说从摩西十诫开始，然后到天主教、基督教，一路下来。世界上的宗教都是教育，不过是另订一个宗旨，向那个宗旨走，所以叫宗教，这是简单地解释宗教。西方的教育几千年，是由宗教演变出来的。中国教育是从我们老祖宗黄帝开始的，不是宗教，而是人文的教育，人文教育有三个条件，"作之君，作之亲，作之师"。作全国人民的领导、作万姓之宗的就是作之君。我们中国人的姓有九千多个，百家姓只是一点点。有一部书叫《万姓统谱》，我们万姓宗奉的共祖就是黄帝轩辕氏。这个传下来不是宗教教育，而是"作之君"，作领导；"作之亲"，作长上，爱百姓如子女；"作之师"，全国等于一个大学校，他就是校长，就是大导师。

　　中国文化有君道、师道，到了后代，师道超然独立，超过帝王和父母之上，这是做老师的尊严。我们中国称孔子为"大成至圣先师"，作皇帝一样要礼拜，把师道尊奉在君道及父母之上，师道的尊严竟达到这个程度。上古历史有称"三公"，当了皇帝还有老师讲课。我经常讲，书上也有写，中国古代作皇帝的也要进修，每个月要请一个老师来讲课，老师是大臣或翰林院的大学士，请来的这些学者叫经筵侍讲，直到清朝还保留这个制度。

还有一个故事，讲明清这些太子、王子没有登位以前的宫廷教育。那时是请民间考取翰林学士、学问好的大臣来教孩子们，皇帝、皇太后还亲自出来给老师行礼。某一代，这个皇太子不守规矩，不认真读书，吊儿郎当，被老师打手心了，那个时候一样要打手心的哦。老师打了太子手心以后，再给太子跪下；打手心是师道，跪下是行臣子之礼。太子回去跟老祖母皇太后报告，老师打我。老太后不高兴了，这个老师怎么可以随便打太子？祖母给你出气吧！皇太后就请经筵侍讲的老师进宫吃饭，很客气地对他讲，某某人啊，我们这个孩子请你教，是要严厉点，但是我们皇家的孩子，读书也做皇帝，不读书也做皇帝。这位大臣一听站起来说，太后，读书的做圣贤的皇帝，不读书的是做暴虐的皇帝。这个皇太后一听愣了，马上说你讲得对，尽管打吧。这个是讲古代教育史。

教育是人性的问题

现在还是个话头的开始，讨论教育的目的及人性的问题。我一辈子可以说什么都干过，党政军、生意也都做过，人生的经历不少。现在他们搞了一个太湖大学堂，你们看我九十多岁了，我在这里也同你们一样，也在从事教育啊，是教大人的啊。而且我更寂寞，因为我要讲的话没有人听。所以我经常在吃饭时给大家讲，你们郭校长都听过的，教育无用论，我从几十年前讲到现在；我发现中国这一百多年来，教育出现问题了。

现在不谈教育无用论，浓缩回来，教育是人性的问题，这是今天讲话最重要的。人性究竟是善还是恶？还是不善不恶？外国的教育哲学很少讨论这个问题，中国比较特别。春秋战国的时候，假设儒家以孔孟做代表，儒家讲人性是善的，人天生下来个个是善良的，思想行为受社会的污染，变坏了。我们教孩子们读《三字经》，读到"人之初，性本善，性相近，习相远"，这十二个字太深了，可以写部一百多万字有关教育的书。它说人性本来是善良的、平实的，就在目前。性在哪里？就是生命的本来；而思想哪里来？人性里头来的。"性相近"，这个"相"是现状。人性是近于善的，每个人都是好的人。所以孟子说，"恻隐之心，人皆有之"，人性是善良的，慈悲心本来都有，这是"性相近"。为什么人性会变坏？没有受到好的教育，"习相远"，习惯受了社会、家庭父母等种种的影响，因此离开善良的人性越来越远了，所以社会上坏的人多，善良的人少。我们自己的行为思想也是这样，坏的念头、思想、情绪多了，善良清净这一面就少了。"人之初，性本善，性相近，习相远"，所以刚才提到要学习善的一面。

可是同样是儒家的荀子，他提的意见不同。他是孔子徒孙辈的学生，跟孟子差不多同时，他认为人的天性是恶的、自私自我的。譬如一个婴儿，当他饿了要吃的时候，只管自己要吃，如果是双胞胎，两个同时饿了就会抢着吃。因为人性本来是恶的，所以要教育，教育是为了把恶的习性改正为善良，这是教育的目的。同是儒家的哲学思想，有主性善、性恶之异，这是中国文化几千年前就有的哦！当时在西方的教育，还没有我们讨论的这样高明。

有一个与孟子同时的学者又不同了，就是在《孟子》书上提到的告子。告子说人性天生非善非恶，善恶是人为加上识别，碰到事情有了是非分别起来的。他说人性像一条毛巾一样，你想折叠成什么形状就成什么样子，所以需要教育，塑造成个好的人格。告子是主张人性不善不恶的。

第四家，墨子（墨翟），跟儒道和诸子百家都不同，他认为人性生来如白净的丝绸一样，无所谓善恶，无所谓不善不恶，同告子的说法差不多，但略有不同，看社会教育给他染成哪个颜色，就变成哪个颜色。

/

罚或不罚　打与不打

教育是讲什么呢？教育的基本原则是改正人性，使人向善良的方面走；教育就是政治，就是法律。一个国家政府的领导人，希望全体老百姓向善，可是老百姓不上道，因此用法治，用刑罚，所以中国的教育从春秋战国周秦以前就打手心的，这个叫夏楚，不是随便打的。我们小时候是受这个教育出身的，老师坐在那里，让你背《古文观止》哪一篇，背错了三个字，在手心打三下，轻轻的处罚；如犯了大的错误，把手掌垫起来打，那就严重了。

前天我一个老朋友杨麟先生来找我，他都八十几了，他说老师啊，我和您上下有五代的交情，我把儿子、孙子也带来见您的面。那天他坐在这里，听到我们谈孩子们的教育，他说教育怎么不打？要打的啊！我们就是打出身的。他的儿子都四十几了，都是喝过洋水的留学生。他当场在这里讲，他说你问我儿子，我的儿子小的时候被我痛打，不是随便打，他做了一件大错事，我叫他趴在凳子上，裤子脱下，我气得一下找不到东西，直接用手打他屁股，打得很厉害，我手都痛了三天。他儿子在那里笑，说："爸爸你是痛了三天，我痛了四十几年，现在还在痛呀。好在爸爸打我一顿，我改过来了，不打就改不过来。"他父子俩对笑。他说对嘛，教育有时候非打不可。

　　这是讲打与不打的问题。我们现在的教育是不准体罚，我可不是提倡打人哦，是讲历史故事给你们听。其实打或是不打很难说，像我带兵的时候有一度不主张打人，做错了事怎么处理？立正，站在前面，两手左右平伸，两手指头各拿一张报纸，站一个钟头，手不准挂下来，只要低下来就要挨打。你们去试试，站十分钟看看，保证要你的命。说起来我没有打人呀，但比打人还严重。

我们谈教育，讲人性善恶，都讲了，教育是改进人性，究竟应该严厉的处罚，还是只讲原谅呢？其中大有问题。我们现在这里办的是实验教育，我跟郭校长讲，我们办这个教育究竟是对还是不对？心理负担非常重。刚才讲的，都是这里宾客真实的故事。

前几个礼拜，一个老朋友来，说他正接手政府一个机构的首长，原来的首长犯了贪污罪。这个朋友同时也在做慈善工作，以及推广农村教育，他的地位不低哦。他说："我接手那一天，背了个包包自己坐出租车去。他们还没有上班，只晓得那一天有新的领导要来接手。我自己推门进到办公室，有一个职员看到我，问你干什么的啊？我也没有讲自己是什么人，只说我来报到的。那个职员态度还蛮好，说你请坐吧。我就坐在那里等，也没人理我；坐了半天，我说老兄啊，我来报到也是个客人啊，请倒杯水给我吧！那个人就起来倒水，又问我姓什么，这时他大概想到了，就赶快用手机打电话给另一个比较重要的长官，说某某人已经到这里等你们了。我说：'你不要打电话，他正在路上开车，听说我先到了，他万一紧张，出了车祸就糟糕了。'"

我说你这个毛病啊，素来作风很民主自由，很好啊。后来你上任讲些什么？他说我一上任就说，我晓得公司损失很大，还有很多烂账，我明天正式上班，你们有许多手头不清的、拿了钱的，赶快归还；如果来不及归还，就赶快把你手边那些钱捐给慈善机构；如果真来不及捐给慈善机构，就去捐给和尚庙子或教堂。再来不及啊，在家里后院挖个洞，深深地埋下去，但是你不要被我们挖到，挖到就对不起了。我听了哈哈大笑，我说你讲得很有意思。他说老师这样好不好？我说你讲得非常幽默有趣，也只能这样处理，真的一翻出来，有很多人贪污，你怎么办？只好送去法院了。这是讲人性的问题。

教育同人性有关系，你说一个年轻人犯了错误，是原谅他，让他自我反省改正？还是处罚他呢？这是人性的大问题，至于处不处罚，或让他自我坦白反省，很难下定论，要临机变通的。总之教育是启发引导人性往好的路上走。如说完全只用爱心、只用自动启发的方法，除非教的是圣人。

清朝有一个很有名的大案，你们在书上大概读过。有个年轻人犯罪，做土匪头抢劫，被绑到刑场。杀头以前的老规矩，做官的要问，你还有什么话吗？这个时候他提出来的，做官的要为他做到。他说我想见我的妈妈一面。那应该，马上派人把妈妈接来，母子两个都痛哭啊。妈妈问说你还有什么话讲？他说妈妈你很爱我，我马上要死了，要离开你了，我要求吃你最后一口奶。他妈妈解开衣裳给他吃奶，他一口就把妈妈的奶头咬掉了。他妈妈痛得骂他，他说我今天的下场就是你教出来的，我从小爱偷拿人家东西，你不阻止我，还鼓励我，说我那么聪明那么乖，让我认为偷人抢人是当然的，才会落到今天的下场。

　　所以我们从事教育的人，要怎么把人性教好，是个大问题，不要轻易下结论。像诸位老师那么尽心，昼夜关照孩子，可是对教育的方法、教育的诱导，向哪一条路上走，很值得研究。我们这里是实验学校，大家有时间再做讨论。

第二讲

　　上一次跟大家讲到，教育最高的目的，是彻底认知人性的问题，诸位老师在这里安于清淡而艰苦的生活，我很敬佩；但是反过来讲，你们也很幸福。这里什么课都有（当然是不对外），文的武的，各种各样，你们都可以参加学习。譬如为了你们身体健康，请王洪欣老师来教武功，练易筋经、少林拳，他可以说是少林永字辈最长的武林高手了。我们过去学武功，要专门单独磕头拜师、行师礼、送学费的。在这里开放你们自由参加，所以说你们非常幸运。因为怕文化有断层，你们年轻不了解，特别告诉你们一下；不是要向你们邀功，是希望你们知道珍惜这个机会。

　　我在这里讲佛学等各种各样的课，都是各听自由，你们只要有空可以来听，没有收费用吧！郭校长也没有强迫你们来听吧！我没想到你们真的认真听完，还自动写报告，我很感动。你们既然写了心得报告，不管好坏，我心里有个责任感，不能不看，都要批答。可是我老眼昏花，所以要人念给我听，字错了，改一改；有问题的、有要点的，打个记号，我来答复；还有些需要单独面谈，我也谈了。你们注意，这样的作为也就是教育精神，你们做老师要学习哦！活到老学到老，你看我是九十几岁的老头子了，算不定明天就死的，还这样负责任，你们对后辈的教育，也要这样负责任才对，这是对自己良心负责，这就是做人做事。

中国几千年文化，难道没有教育家吗？可是很可怜的，在这一百年来，有人真正写出中国教育思想史、教育制度史、教育发展史等等的吗？有，但都不全面，不完整。你们有许多是学教育的，从一般师范学校教育出身，学的多数是外国教育的教学理念。外国的文化特别注重教育，形成一门独立的学问，是在十六世纪以后，最多不超过四五百年。而我们中国文化是五千年，就算打个折扣，也有三千年，从一开始就注重教育，过去称为教化。教化的意思，是包括全体政治在内。可是我们这一代教育，不研究自己的文化，搞文化工作的不知做些什么事，这是很令人遗憾的。

今天讲中国文化的特色，大家要启发反思，自己有那么多好东西，没有去研究。所谓研究，是正式读书思考，再提出来实行，可以与西方的教育接轨作比较。

/

再谈人性问题

你们都是精英分子，将来是否继续从事教育，没有关系。我上次提出教育问题是认知、人性问题，想不到诸位老师非常注意这个问题，我很高兴。因为你们真的把它当问题了。尤其是郭姮晏校长和她母亲李素美、舅舅李传洪（薇阁学校董事长），回到台湾，把我讲的录音带放给大家听，据说薇阁的老师们听了都很震动，还说有几位校长、老师，都是老教育家，深受感动而流泪。这两天，李先生又在北京跟一些大学校长、教授们谈起，他们也要这个资料。我说这是刚起头，并不完备，因为我每天都很忙，虽然我九十多岁了，一天的工作量还比你们大得多。我昼夜在工作，假期也不例外，你们可以出去玩，我自己不能放假。过年没有休假，也没有星期假日。现在虽然老眼昏花，但仍从夜里十二点钟以后一直工作到五六点，天亮了才睡。

上次谈到教育是人性问题，我不晓得讲清楚了没有？不止教育，乃至政治、军事、经济、哲学、文化，不论哪一门学问，最后的最高点都离不开人性问题。所以这次开"经史合参班"讨论《资治通鉴》时，也讲到人性问题，中间牵涉到中国文化几位大宗师如老子、孔子等，后来加上印度的释迦牟尼佛。关于人性问题，释迦牟尼看得最清楚，讲得最透彻。现在不是讲佛学哦，这只是引用到这个故事，不能不讲。

释迦牟尼是个王子，天生要作帝王的。他生下来，父亲找来很多看相算命的，说他长大一定成佛，是万世教化众生的圣人，如果不成佛呢？会做金轮圣王。在印度文化所谓的转轮圣王，分为金银铜铁等，金轮圣王可以统治全世界，让天下太平。所以他从小到大，受宫廷特殊的教育，博通世间各种学问，文武双全，却在少年时就放弃王位出家修道，他追求的是什么？因为他自己参悟到，即使做了金轮圣王，使天下国家太平，不到三五十年，也一定变去了，这是人性的问题，因此他要出世追寻人性根本的大问题。

我们中国有几千年历史摆在那里作例子，最好的帝王政治也一样，一定会变去，变好很难，变坏太容易。为什么会如此？为什么政治、法律、道德都不能改变一个人？所以我常讲教育无用论，法治也无用，换句话政治也无用了。政治体制，每个朝代都要变动，为什么？

都是人性的问题。所以我对诸位提出来讨论，教育问题最重要的是要彻底认知人性问题。

复说性善性恶

提到人性问题，上次我已经说过，现在再说一次。儒家孔孟之学主张人性本善，"人之初，性本善，性相近，习相远"，这四句话很深。换句话，人性先天是善良的，后天养成的习惯使得差别越来越大。讲到先天后天两个名词，孔子在《易经》上提到，"形而上者谓之道"，形而上是先天，西方哲学叫本体论；"形而下者谓之器"，器是有形质的物理、物质现象作用，是后天的。

与性善说法相反的是荀子提出的人性本恶，他也是儒家，是孔子后辈的学生，秦始皇的宰相李斯的老师。上次讲过，譬如双胞胎的孩子，如果肚子饿了，大家都抢先要吃。还有很多例子说明人性本来是恶的、自私的，因此后天要加以教育。

另外告子认为人性不善也不恶，他说人性像杞柳一样随你雕琢，要圆就圆，要方就方。换句话，他这个观念是认为人性无所谓善恶，就看你怎么教育、怎么造就。注意这个逻辑问题，如果你们不细心的话，会认为告子讲人性没有善恶，那就错了。

还有一个，跟孟子差不多同时的墨子，他讲人性先天就像干净洁白的素丝，无所谓善恶的，看你后天怎么染色，墨子认为善恶是后来加以分别的。

在两三千年前，当时我们的文化哲学已经争论过这个大问题了；可是后世尤其我们这一百多年来，已经不注意也不讨论它了。你们研究西方哲学的、宗教的，譬如天主教、基督教，乃至回教，也是讲人性本是善的。《圣经》旧约上说上帝创造了万物，也创造了人，人本来都很好，因为亚当、夏娃被蛇诱惑，吃了树上的善恶果，所以做了坏事，有了饮食男女关系。提到西方的文化，现在都拿美国来做代表，那是错误的，美国只有两三百年历史，不算的，要讲西方文化，欧洲的法国、德国、希腊，都要注意。

人性究竟是善是恶？教育是彻底认知人性问题，这个问题今天晚上暂时讲到这里为止。为什么呢？真正研究人性的善恶问题，有先天与后天的差别，这是哲学与生命科学以及认知科学的大问题。注意啊！究竟生命的根根在哪里？宇宙怎么会生出万物？怎么生出人来？这是形而上，属于哲学上探讨本体论的问题。追究起来又涉及是唯物的还是唯心的？是心物一元或非一元？很多问题，所以先把这个形而上的问题摆在那里，暂时不讨论。

人之大欲何处来

今天我们开始讨论形而下的问题。我们人从娘胎生下来，你说这个婴儿是善是恶？很难下定论。善恶是思想行为所构成的，我们现在讲政治也好，法律也好，教育也好，讲对错、善恶、好坏，都是后天教育来的，是每个人思想意识分别而生，是人们主观的判定。举例来说，"饮食男女，人之大欲存焉"，这是孔子先提出来的。不但是人，就是鸟兽之类也如此，饿了一定要吃，上面的嘴巴要吃喝，下面的性器官会冲动发泄，这是由于性欲的关系。所以饮食男女，是人最基本的欲望。我们的大成至圣先师，承认"饮食男女，人之大欲存焉"，但他也没有说欲是善或是恶。

这个大欲怎么来的啊？孔夫子没有讲，它是唯物的还是唯心的？它是生理的还是心理的？你说饮食男女，有善有恶吗？饮食的需求与性欲的冲动，有没有是非善恶？没有。譬如一个男婴睡着时，那个生殖器翘起来，他没有性欲的观念，是生理自然现象。又譬如我手里端的这盘梨子，它本身有是非善恶吗？没有。可是我要吃你来抢，就有善恶是非了，是不是？所以男女饮食本身没有善恶是非，善恶是非是从人为的观念欲望出来的。观念欲望是人的思想，思想与情绪不是行为，假使一盘黄金摆在这里，我视之如粪土，不想要，我没有罪嘛！如果我要把它偷来、抢来，这就犯了罪。善恶是这样来的，是不是？我们举这些例子，你就懂了很多的道理。

　　我们人的饮食男女欲望，最初开始是怎么来的？这要注意了，我们人生来有思想、有知性；思想的功能很大，我们普通叫它是"心"，是个代号，不是指身体功能器官的心脏。这个能思想的作用，我们的文化里有的把它叫心，有的叫意，有时候叫性。你看中国字，这个"意"字，上面一个建立的"立"，下面是个太阳一样，古文是画一个圆圈，中间有一点，下面是个心字，这个"意"也是心的作用。第三个"识（識）"，我们讲知识，左边"言"字旁，中间一个发音的音，右边加一戈字，言语变成声音，像武器一样可以杀人，也可以利人。我们的心、意发生内在的思想，再变成外面的行为言语，是非善恶意见来了，就是"識"。心意识是三个阶段。

如果你真研究这三个字的意义，什么是心，可以写二三十万字的书；什么是意，什么是识，又各为一本书了。学哲学的有知识论，现在新的观念认知论，都是翻译过来的名称。我们人怎么有思想、会知道事情？这个究竟是唯物还是唯心？是神经？还是心脏？还是细胞发生的？都是问题，一般人不作专门研究不会懂。尤其现在流行讲意识形态哦、发展哦……反正大家怎么讲就跟着那么讲，并没有用心思考。这里讲人的思想意识习惯怎么来的，如何用教育使人向善。

讲七情

再回过来讲，生下来的孩子就有思想，肚子饿了就哭，捏他痛了会哭，逗他开心也会笑。生命中的"性""情"这两个东西，中国上古文化几千年前就提出来，也就是《易经》所谓阴阳两半合拢。中国字一个字代表很多的意思，这个性字，不是本体先天的本性，是讲后天的性。性就是代表知性，能够知道一切。胎儿在娘胎几个月已经有思想，父母在外面的动作他都知道，不过记不得了。现在不是研究生命科学，暂时不谈，如果研究生命科学再告诉你们。

这个"知"是生命本有的。婴儿时会哭会闹，那个是"情"，我们现在经常说，"我情绪不好"，情绪不是知性哦，我们举个例子，譬如自己要发脾气的时候，知道自己要发脾气，内心也会劝自己，不发也可以啊，可是忍不住会发，这是情的作用，不是知性的作用。这个情是什么呢？几千年前，《礼记》先提出来性情。希腊、埃及、印度、中国这四大文明古国，只有中国先提出性情的问题。性是知性，情是七情，喜、怒、哀、乐、爱、恶、欲。中国后世讲七情六欲，六欲是佛学的名词，暂时不讨论，现在我们讲中国本土的文化。

七情的"喜"，是属于与心脏有关的，"怒"与肝脏有关，"哀"是肺肾的关系，"乐"是高兴，同心肾都有关系，"爱"，贪爱，属于脾脏的关系，我们通常讲脾胃，胃是胃，脾是脾，作用有别。"恶"，讨厌，有些人的个性，看到人与物，随时有厌恶的情绪。"欲"，狭义的是指对男女性的欲望；广义的是贪欲，包括很多，求名求利，当官发财，求功名富贵，要权要势，这都是欲。

"喜"，很少有人天生一副喜容，尤其是中国人。我在外国时，一个美国朋友问我，"南老师，你们中国人会不会笑？"你们听了一定跟他吵起来，中国人怎么不会笑？我一听，我说我懂了，你这个问题问得好，你们美国人的教育习惯，早上一出门，随便看到谁，哈啰！早安！都笑得很习惯。我说你不懂中国人，中国的民族不像你们的教育，譬如大人带着孩子，对面来个不相识的人，如果这个孩子说："伯伯你好"，大人会说："人都不认识，你叫个什么屁啊？"我说我们的教育是庄重的，不是熟人不敢随便叫，不敢随便笑。所以东方人，个个都像是讨债的面孔，好像别人欠我多、还我少。所以佛学讲"慈悲喜舍"，一个人每天欢欢喜喜，那是很健康的。

"怒"，你看我们很多朋友一脸怒相，任何事都看不惯；还有些人眉毛是一字眉，脾气很大。东方属木，肝也属木，东方人肝气都容易有问题，所以容易动怒。

"哀"，内向的、悲观的，什么都不喜欢，一天到晚努个嘴，头低下来，肩膀缩拢来，看人都是这样畏缩。现在说的自闭症、忧郁症、躁郁症啊，都与生理上的肺、肾有关的。

"乐"，有些人是乐观的，我们这里有一个朋友，我叫他外号"大声公"，笑起来声音大，外面都听得到，他就是乐观的人，胸襟比较开朗，这和心气关系密切。

这个"爱"字呢？中文所讲的爱有贪的意思，贪是对什么都喜欢；有人喜欢文学，有人喜欢艺术，有人喜欢打拳练武功，有人喜欢偷钱，有人喜欢散财，各人喜爱不同，这个爱字包含就很大了，东方称贪取叫"爱"。现在西方文化讲爱的教育，是由耶稣的"博爱"一词来的，那就是中国儒家所讲的仁，佛家叫慈悲，我们普通叫宽恕。儒家孔孟关于做人有两句很重要的话，"严以律己，宽以待人"，这是教育，严格的反省、检讨自己的过错，宽厚对待别人、包容别人、照应别人。这是讲到爱，顺便讲到有关教育的一点。

"恶"，恶的心理就是讨厌，有人个性生来就有讨厌的心理成分，所以随时自己要反省，"喂！老乡啊，这里有个东西我们一起去看看"，"你去吧，我讨厌"。会不会这样？讨厌是一种情绪。善恶的恶字读"俄"；厌恶、可恶这个恶字念"勿"，去声，现在叫做第四声，古文在右边上方打个圈圈。

"欲"，刚才提过了，是属情的方面，生命一生下来，婴儿小孩就有。如果碰到好的教育家，好的老师，一望而知，可以看出孩子的性向应该走哪一条路，学什么比较好。

你们教育孩子，要想了解他的健康，就要认识这七情，这是一般心理情绪的状况。

刚才提到性情两个字，现在只讲到"情"，"性"还没有提。性在后天是"知性"，那内容就很多了，今天把"情"这一段先提一下，还不是结论哦，我先交待，将来有机会再继续，做详细的讨论。

我讲这些，是引起你们从事教育的人的注意，同时配合古今中外有关教育的知识，好好研究。现在我们只是站在教育立场上讲，实际上，整个政治的大方向，做人做事都在内，都要特别注意。好了，谢谢大家。

二〇一〇年
南怀瑾对学校教师讲话（二）

摘自《廿一世纪初的前言后语》上册

郭校长下午就吩咐我了，要我跟诸位老师讲几句话。我说好啊，当时乱答应，现在我不晓得要讲什么话。

诸位老师好像有一半是新来的，一半是原来的老师。我想讲什么呢？我有一个感想，我们办这个学校，开始是从台湾李传洪董事长办的薇阁学校影响过来的。再经由郭校长的提倡、侯老师的努力，这个侯老师就是她自己戏称为"世界大美女"的，她的努力功不可没。

那么这个学校啊，大家晓得是太湖大学堂内部办的，法定的名称叫做"吴江太湖国际实验学校"，请大家注意一下，是个实验学校，实验一个新的教育经验，想拿这个学校，做一个新的教育理想，所以叫做实验学校，这一点大家应该有一个了解和认识。

"学成文武艺" 的目的

我们要实验什么呢？我今年九十多岁了，从推翻清政府到明年整整一百年，这一百年间，中国的变化太大了。文化、教育、政治、经济、商业、工业，每一样都在变化，教育的变化更大。像我从小是受家塾的教育，我常常告诉大家，我们中国从周朝开始，汉唐宋元明，一直到清朝这个帝王制度的三千多年期间，政府没有出过钱办教育的。我们以前的教育是民间自己把自己孩子教好，读书不是为了做官，不是为了发财；学武功，学武艺也是同读书一样，不是为了做将军，是自己高兴。文武两头都是这样，不是政府出钱培养。

民间把子弟们教好了，学文的也好，学武的也好，都卖给政府。怎么卖？过去帝制的政府有两个本钱，功名和官位。功名三年一考，愿意作官的自己来报名，不愿意作官的就不来，有人一辈子学问武功都第一流，但不肯作官，也不求功名，这在过去历史上并不少，不像现在。过去政府用功名来钓民间的知识分子，这叫考取功名。功名有三级，秀才、举人、进士。三级功名里，进士最高。考取了进士，还要经过殿试，皇帝亲自把这些进士找来考一下，殿试的第一名叫状元，第二名叫榜眼，第三名叫探花，很光荣了，自称是天子门生，皇帝的学生，那威风大了。但是没有什么了不起，这还只是功名，能不能出来做官又是另外一件事。所以功名跟做官是分开的，古代的制度清楚得很。

出来做官有两句话，你们诸位读过《朱子治家格言》没有？《朱子治家格言》里有两句话我们从小记得，一句是"读书志在圣贤"，读书的目的是想做圣人，自己的学问修养超凡入圣，不是普通人。不像现在，大学毕业就想找个工作，求很好的待遇，不尽然的！另外一句是"为官心存君国"，万一考取了功名出来作官呢？这个人不属于自己的了，已经属于国家，出来作官是为了报效国家，为老百姓做事。做到该退休的年龄，就告老还乡，还是回到乡下去做个老百姓。中国传统的教育是这个目的，我们从小是这样受教育的。

教育无用论

民国以来引进外国的教育制度，办小学、办初中、办高中、办大学，什么师范大学，各种各样，都是西方来的。政府花了那么多的教育经费，变成现在这样，不晓得教育出来什么人？好像没有教育出来什么人。

譬如中国最有名的北京大学，是推翻清政府以后的第一所大学，当时全国只有这一所。我们小的时候都想读北大，但我没有资格。怎么说没有资格？没有钱。我是浙江海边人，对面就是台湾，那是很偏僻的地方，是很落伍的农村出身。你要想读北大，你家里有多少钱啊？刚才崔德众告诉我，现在的教育，一个农村的孩子只要读了大学，就变成"脱富致贫"，有钱的家庭就穷了，给这个孩子读书读穷了，读不起啊！现在还是这样，听起来很悲哀的。以大陆来讲，现在一个农村家庭，两夫妻很辛苦地供养孩子读书，孩子读了书以后，从中学到读完大学，再也没有回去过这个农村里头。像我就是一个，我十几岁出来到现在没有回过家里。我不算个人才也算个烂才啊，但是对家乡、对家庭都没有贡献。

但现在不管发财的也好、作官的也好，上台做事的大多数都不是名校出来的学生，这是一个教育大问题了。

我是受旧教育出身，然后跟着受新的学堂教育，也受过军事教育，还受过武术的训练。我专门学武功两三年，那很浪费时间，学出来做什么？学武功出来可以做总教官、教练。可是我的目的呢？是兴趣，我不在乎能不能出去教人家练拳、打拳，我不管那一套，我有兴趣啊，学会了再说。我学军事，带过兵也教过兵；我也作过官，文的武的都有；我在大学听过课，也去上过研究所。我这一辈子可说所有的教育都受过了，我个人的结论下来清清楚楚，教育无用论，教育是教不好一个人的。以我的经验，人不是学校教育能够改变得了的。一个了不起的孩子啊，就算你不给他读书，把他按在泥巴里头，他都会站起来，成为一个有用的人；站不起来的孩子，无论你怎么培养、怎么教育，也只能成为一个平庸的人，所以我几十年来总结的是教育无用论。

我现在家里是子孙满堂，四代人了，孙子来看我，我说孩子啊，不要读书啊，认得字、会写信就好了，学个专长。读书没有用，读到跟爷爷一样有什么用？对不起国家，对不起社会，对不起家庭，对不起自己。我是这个理论。你看历史上这些名人，真对社会国家有贡献，不一定是受这个教育出来的。我尤其反对现在教育，书包背那么重，孩子好多是近视眼的；父母更错误，把自己做不到的理想放到孩子身上，希望孩子做到。现在叫孩子读书，第一个是为了面子，大家都读书，家里孩子没有读书，怕人家看不起。第二个，自己没有发财，希望将来孩子发财；自己没有作官，希望孩子读出来能作官。如此害了自己，也害了孩子。所以我更体认到教育无用论。

另外我也做过大学教授，也都教过博士、硕士，我告诉他们，你博士只也是一个科名，学位我会给你，但学问是一辈子的事，活到老学到老，你们做不到的。

/

实验学校的宗旨

因为不同意现在教育的方式，我们办了这一个学校。不能说反对，反对也没有用。做什么实验呢？想把中国的文化跟西方文化接起来，结合中西；还有把古代传统的文化学问跟现在的接起来，结合古今。中国文化的特色是什么啊？要拿出来古今中外四个方向的文化，结合在一起。而且我们采用古时候书院的方式，既自由又严肃，既轻松又严谨地把孩子们教好，让他们什么都懂，尤其注重生活、礼仪的行为教育，还要注重职业教育。

你看你们都读书出身的，除了会读书教书以外，对不起，我讲一句真话，你们还有什么本事可以吃饭？没有！肩不能挑，手不能提，水管坏了也不会修。受现在的教育，都很可怜。我们想要真做到职业的教育、对孩子生活的教育，想走这个路线，所以把这里叫做实验学校，希望诸位老师先懂这个宗旨，这是第一点。

郭校长她十二岁跟我出国到现在，为了办这个学校，受我思想的影响很大。跟你们讲老实话，开始办学校的时候她哭了三场，跟我来谈，问我办不好怎么办啊？我说孩子啊，不要哭，办不好就不办了嘛，我们自己出钱，自己有地方，自己定目标，谁也没有叫我们办，要办就办，不办就收了，天下事空的嘛！她听我这样讲就笑了，说我懂了，我来办。办到现在两三年了，她很忙碌，这样改那样改，这样想那样想，现在实验到什么程度还不知道，还在实验当中。教育的方式一直在改变，改变是为求适应这个时代，想创造一个模式给大家看一看。我们这里办到现在，大家都在看着我们，我们也在看着大家；所以虽然我们有自己教育的方法，但对外面应该考试的功课都要留意，孩子们需要适应这个社会嘛！这也是我们教育的目的。

活到老　做到老　学到老

第二点，诸位在这里做老师的，你们都很年轻，注意哦！你们虽然读了书、当老师，学问并不见得就真的好哦！这话只有我有资格讲，我也没有别的资格，就是年纪比你们大，有资格可以批评你们。你们不管二十岁也好，三十岁也好，到六十岁还要要求进步，活到老、做到老、学到老。像我现在九十几岁，眼睛花了，也还天天求学。眼睛花了，我就借用别人的眼睛，譬如宏忍法师，我说你来。"老师什么事啊？""借用你的眼睛，你读给我听。"我自己最近眼睛老花，还没有恢复，看不清楚，看你们都是个影子，你们的面孔我看起来都是模糊的。但我还在求学，至死方休，到最后一口气没有了，才不再求学，这就是活到老做到老学到老。所以也希望你们要进修读书。

在中国文化方面，我想你们的底子也不一定扎实的，这还是客气话。你们可以趁着在这里教书时，专读一本书，《幼学琼林》，而且要读下面的小字。这一本书全体读完，你们的国文就有扎实的基础了。我这不是规定或要求你们啊，大家应该自己努力。

除了《幼学琼林》，第二个你们读什么？讲外国文化的书。譬如说希腊的文明、埃及的文明、印度的文明、英国的文明等等。前几年有这一套书，赶快叫欧阳从香港买个三十套摆在学校，你们分别借阅，随时知道世界知识。万一你们出去留学，今天要研究英国问题，就抽英国的来看，都翻译好的，这一套书很好。当然还有更深的，这里先不讲了。

你们在这里半年或一年，还可练武功进修，我们这里的王老师是少林寺的老前辈，请他来教大家练武，锻炼身体。你看我九十多岁，你还没有我这个精神，没有我这个身体，这样是不能做事的，你们的身体都有问题。所以让你们每天打拳不是打着玩的，是锻炼身体。王老师已经是六十多岁的人了，你看他精神多好，身体多好！一分精神一分事业，没有健康的身体就没有精神，更别谈学问了，这都要注意。

我今天讲话贡献大家两点，一是知道实验学校在实验个什么东西，不是空话；二是勉励大家多学习。现在外面千万只眼睛在看着我们这个学校，看你搞些什么？看南老头跟郭校长你们这几个人，能搞些什么东西出来。外面盯住我们看，我们也盯住外面看，我们这样做，是希望他们把我们好的东西学习走。所以有些老师来这里，教一下就走了，我很欢迎，来几个月给你们熏陶一下、锻炼一下，你出去可以帮助别人。我们学校花那么多精神培养一个老师，他却教半年、一年就走了，但我们不反对，让他出去影响别的地方，也是好事嘛，看我们实验得对不对。

一个孩子的来信

主要的两点讲完了，再附带一点告诉你们，有个孩子写来一封信，我叫秘书室代我答复了。

之前有一个孩子叫曾子建，重庆人，现在十三岁，他参加了四次这里办的夏令营。我二十几年前提倡读经运动，中英数三个一起来；李老师带着郭校长走遍了全国，从落后地区开始提倡，由郭校长编出儿童读经的书。所以从很早以前，曾子建的家里就是我的粉丝。这一次来你们大家看到的，他长大了。有次他特别写了一封信，我亲自回他信。侯老师你们还记得吧？我晓得那天晚上这个举动，把一百多个小孩通通惊动了，这个老头子怎么对曾子建那么重视啊？他会作诗，文章也不错，他说以后要作医生，我就抽出中医最重要的书要他读，说孩子你尽管去吧，但是我们不一定希望你做什么。那次回信给曾子建的时候，旁边有一个同样参加夏令营的小孩看到了，是吴江人吧？昨天他也给我来一封信，谈对教育这些问题的看法。他的信请崔德众念一下。

崔德众：这个孩子叫陆衡宇，他的来信是这样写的。

尊敬的太老师：

您好！感谢您能在百忙之中阅读我的这封唐突又冒昧的来信。

今天写信给您，是希望能向您请教一些一直困扰着我的繁杂琐碎的问题，请您指点一二。

就先从我的日常学习讲起吧。我在学校中算是所谓的"好生"，可是我却喜欢拖拉作业，以至于发展到后来几乎从不做作业，而是把做这些机械的、无意义的作业的时间，花在看书，或是一些我认为有意义的一些事情上面。这归根结底是由于我对于中国教育的不满，但毕竟那在学校里影响不好，况且现在我身在这个制度下，想做什么也无能为力，所以我想请教一下您，如何正视中国现在的教育制度？

　　现在的人们忙忙碌碌，却不知道自己在忙些什么，自己的终点又是什么。学生们没有属于自己的真正的梦想，大人们则为那些无谓的名利所困，请问在这样一个混乱的社会中，如何保持自己内心的一份清净而不被外物所干扰？很多人都认为是由于发达国家快速发展的经济和科技导致的，那么您对西方文化、科技等的态度是什么？

　　最后希望您能谈谈人的一生应该做到哪几件事，或者说人一生最应该拥有和放弃些什么。

　　望您能原谅我笨拙的文笔和卑劣的字迹。

　　祝　万事无忧！

晚辈　陆衡宇

二〇一〇年八月二十日

　　南师：好！诸位都听到了，这个孩子写这一封信，他所有问题也都是大学校长、教授们要问的，就是这个国家教育制度的大问题，我看也是我们现在实验学校的问题。

我有两篇东西，是这几年给欧美同学会讲的，正好是对这些问题的答复。你们过去老师们也听过，但都没有印象了。我正要把这些文字印出来。

我眼睛也老花了，所以请秘书室给这个孩子回信。

（崔德众念秘书室的回信）

陆衡宇小兄弟：

一、你来信所问的问题，问得好。你一个十四五岁的孩子所提的问题，也就是现在社会上老中青大家同样的问题，答复起来非常长。现在正在整理过去我对"欧美同学会"和"中欧同学会"的讲话记录，目前没有对外发表，可以哪天约好，请宏忍法师慈悲，先行让你看看这份文稿。

二、关于现行教育制度，是个大问题。年轻人要好好读书求学，前途无量。虽然你对于现在教育不满，但你是现在人，为了争取顺利通过考试的科目，只好辛苦学习。我们这里所办的吴江太湖国际实验学校，除了随时调整所重视的中西方语言、文化，体验教学之外，也是要配合完成教育部门所规定的课程。如果想抗拒现在教育的状况，那谁也改变不了。

三、来信字写得很小，这样很容易近视。如果已经近视，会更加深，所以要赶快改正过来，放松写大字；并且要坚持做眼睛的保健操，看书写字时，姿势要端正，不可以离书本太近。

二〇一〇年八月二十三日　秘书室　代复

南师：就是这样，正好今天碰到这件事，顺便念给大家听听。今天晚上是很开心的，大家不要太严肃了。

注意腰的力量

　　最后为大家补充一下，你们练习打拳，我差不多每天都到场。王老师教得非常好，他这个徒孙辈王兵帮忙在教，教的都对。但是你们离中国练拳的武艺还差远了，（师起立做示范）这个手、眼、身、法、步连成一气很重要。譬如伏地挺身，这是我们练武时的基本动作。你们几位女性，把两手两脚趴在地上，结果光是屁股在伏地挺身，不对的。伏地挺身是靠两手两脚，全身其他部位不用力，把身体挺得很直。生命的重点在腰，所以人老了是这样（师做驼背状）。把腰力、身体练好就行了，像我这样扎一个马步，转过来就是弓箭步，只有十五度，看到吧？这样转，腰力很重要。

　　你们没有看过，假使找两个人把我打横抬起来，一个人抬我的头，另一个人抬脚，我的身体还是直的；抬起来，我还可以讲话，这个是腰的力量，可是腰不要用力，就是教你们懂这个窍门。你们普通人把头一提，脚一提，屁股就堕下了，身体弯起来了，对不对？所以我叫你们看我一下，就懂了。但他们不让我示范，怕一抬我这个老顽童，万一出了问题，后果严重，算不定明天就办丧事了。就是把这个道理告诉你们，好好去练习。好，今天我讲完了。

南怀瑾对学生的「临别赠言」

注：这篇演讲是南老师于二〇一二年六月对太湖大学堂附属吴江国际实验小学第一届毕业生发表的，三个月后，他就辞世了。

南师：大家请坐，诸位同学，诸位老师们，诸位来宾，这是讲客套话，今天我先要申明为什么晚上来讲话，先告诉诸位小朋友、同学们，我年纪大了，这一辈子啊，有半辈子都在夜里过生活，读书、做事，研究东西都靠夜里，因为白天忙很多事，到了晚上十一二点钟以后只剩我的时间了；夜里更能清静，很快速地做很多的事，读很多的书，搞习惯了，现在老了还是这样，所以上午没有精神。现在九十多岁了，也只有晚上有时间，明天上午我睡觉，要参加同学的毕业大会，那我起不来，没有时间。因此晚上来讲，这是给小朋友们讲家常话。第二点，这一次你们毕业的同学只有几十个吧？不到六十个，四十几个是不是啊？

众人：二十九个。

南师：哦，只有这样，是给你们小同学们，第一个节目讲临别赠言，就是在你们毕业，临行的时候讲的话。你们很难有这个机会到这里读这么一个学校，我们叫做太湖大学堂附属的吴江国际实验小学。诸位小朋友们，尤其毕业的同学们，要注意哦，这个学校叫国际实验小学，所谓国际性，现在是时髦的话，都要同外国有关联的就牵涉到国际上，但是国际性怎么样？下面还有两个字，实验，实验国际什么教育啊？没有吧！这些都是好听的名字。现在中国人对文化乱用名字，改得都很好听，仔细研究都没有内容，但是我们有内容，这个国际实验个什么？国际是个名称，就是用外国的文化，西方的文化，以英文日文等等做主体指国际性的文化，将其精华吸收过来。

实验学校，实验什么？诸位同学也许知道，尤其年轻同学们我们大人们，大概也都知道，实验什么？我们办这个学校的目标，实验，反对这一百多年来的教育方法，所有由小学到大学，心里反感。因为我今年九十五岁了，以我的年龄来看，现在中国文化教育出了问题，尤其教育的方法与教育的内容出了问题，非常反感，可是我们改变不了，因此大胆地办了这个学校。实验什么呢？实验我们自己的理想，尤其可以说是我个人老头子的经验。

我也同你们一样，五六岁开始读书的，到现在八九十年，在这里我把自己做文化、读书的方法、研究学问的方法、长大后出外的情形分享一下。我十九岁就出来做事了，二十一岁就带兵领导大家，参与中日战争的抗战，一边在念经一边在学习。知道这个国家培养人才，是为了国家的需要，文化的教育要分文的、武的合一，要新的旧的合一，可是就现在一百几十年来，采用西方文化的分科教育方法，从小学、中学到大学一直读到博士都错误了，浪费了青年人的精力与时间。所以一个时代不安定，一个国家的变乱，真正基本的错误是文化教育，什么政治啊经济啊其他还是后面的事。因此办这个学校，想把文武合一，古今文化集中在一起，由幼稚园办到中学，办到高中，办到大学，办到研究所，想一路做，这是一个理念。

为什么到这里先办这个小学？等一下再跟同学们报告，你们年轻记住，今天客气地讲是临别赠言，其实是要你们二三十个第一期毕业出去的同学们记住，你们长大了也许超过我们，记住今天我们怎么样去实验，把这个学校办起来。你们六年级的同学，再一个礼拜马上就要离开学校了，算是毕业了，其实你们在这里大概不到三年吧！

郭校长：四年！

南师：四年，你们第一期的这四五十个人离开，开始来的身份，以古文来讲，是带艺投师的。怎么样叫带艺投师啊？你们在到这里以前，都读过别的学校，不管你读私立的还是公立的小学，都读过的，已经学过了，所以带艺投师到这里，受我们实验的教育。你们这四年当中还记得吗？这里究竟教了你们什么？当然很多的科目还记得，重点在中文的，外文的英文的，包括日文的等等，还有普通一般学校知识。可是我知道，听说你们家里家长们担心，受了这个教育，没有跟到外面学校读书、每天写功课的办法，是不是到外面学校会考得上？功课一般，到今天为止，据我所知，你们出去大部分都考了很好的学校了。这是事实吗？小朋友们，是吗？

小朋友：是。

南师：是的，为什么你们会考上呢？大家担心现在读书回来晚上要做功课，同样的一个东西要操一百道操几十道，然后准备考试担心得不得了，我们以前读书没有啊！都在玩呐！晚上回来我都在玩呐！要么看小说，唉，轻松得很，没有白天读的课程晚上还要补习这种事，那是笨蛋嘛！不笨的人一听了课已经知道了、记住了，因为你们没有受这个折磨，所以出去考试啊，不怕考，因此你们很轻松，就考上了，这是第一点。这实验下来的第一点，使孩子们读书心里没有压力，可是真受了教育。这一点看起来很简单，做起来非常难，等一下给你们小同学们讲困难的道理，你们年轻记得，也许你们长大了会办教育，会教育国人，教育自己国家的人，所以你要学这个经验。

第二点，你们四年在这里基本上学了些什么呢？没有什么，这里蛮轻松的，也蛮紧张的，是不是这样啊？诸位同学？

同学们：是！

南师：也很紧张也很轻松，同公办学校两样，但是有一点，你们学的重点就是你生活的教育，其他都是空的。什么是生活教育啊？你们都是贵族子弟，现在家里都生一个嘛！都很娇贵的，男孩子都是太子、公子、少爷，女孩子都是公主、千金一个，娇养惯了，给家庭社会的风气害了，每一个人都当自己了不起。尤其是父母的观念错误，要想孩子们考好学校，将来出人头地。自己没有发财的，希望孩子将来都好，读名校出来要发财；自己没有做官的，希望小孩们由名校出来做官，如何得志如何出人头地……错误了！其实社会上对于这一代教育观念的错误，也是家长们共同的错误，换一句话就是家长们把自己一辈子做不到的愿望，交给孩子去负担，害了孩子们，这是我最反对的。我的父母可是没有这样教我，让我非常自由。

那么这样一来，你们到这里以后呢，不同喽！在一起学会了生活教育，怎么样吃饭、怎么样拿碗、怎么样拿筷子、怎么样吃菜、怎么样睡觉、怎么样自己洗衣服、怎么晾好衣服、怎么样铺被子、怎么盖被子……基本教育学的是不是这个？是不是啊？

同学们：是！

南师：你们的这个生活习惯，一般教育里没有，很晚了还有老师在旁边陪你们睡、指导，这个是生活的教育，教育的根本。你学会作诗、会写字，你功课怎么好，我都不在乎，那个容易啊！生活的教育难！这是第一点，你们做到了。听说你们这次到台湾，台湾的大人们社会上对你们印象非常好，大家很敬佩。这些大陆来的孩子怎么有这样子？都晓得薇阁系统来的。当然薇阁是领头的，是这个学校的母校。生活教育，基本教育不要忘了。

第二个教育呢，现在你们诸位都是独生子，如果家庭教育里的都宠惯了，上面或者有爷爷、祖母、父亲、母亲，没有兄弟姊妹，只有你了，再加上两边的外公外婆，一大堆，完了，娇惯了。不像我们过去有兄弟姊妹，不过我是独子出身，虽然我也是个独子，我可没有受过娇惯。那么你们现在在这里，实验学校里头，大的照顾小的，爱同学、爱团体，我虽然没有亲自来做你们生活老师，可是你们诸位的生活，中间好与坏，一点一滴我每天都知道。因为我很注意生活老师的教育，这里我们特别感谢生活方面老师管理得好——不是管理，影响。教育是影响，不是靠管理。

你们现在毕业了，虽然叫六年级，几岁啊？最大的。

郭校长：十二岁。

南师：把这个四年教育受的精神带出去，带到初中、高中、大学、社会，就是这点就成功了，你们可以做大事业了。你不要以为拿什么大学的文凭，有个博士学位的，那不算成功。你要晓得教育的目的是成功做一个人，你把这四年的基本生活教育的精神带到社会上，我可以断定你们将来是顶天立地、与众不同的人，千万要记住我今天的话。你们不但有吴江国际学校毕业这资格，太湖大学堂很难的，你还有一个经历很宝贵，你以后可说我当年只有十一二岁六年级毕业时，那个九十五岁南老头子亲自给我讲话过，将来这个资格别人买不到的，只有你们有，记住不要给老头子丢人哦！

要知道，我这样讲不在于你们将来读哪个学校，什么名学校、烂学校毕业都没有关系，做人的根本，生活教育，你要知道人生。什么叫人生？大家都会讲，就是父母把我们生下来，我们活着在这个世界上，笼统的名词叫人生，人生包括生存，活在这个世界上，活在这个社会上，我怎么活的？生存具体地说就是生活，即是衣食住行，怎么样穿衣服、怎么样吃饭、怎么样睡觉、怎么样吃进去、怎么样小便、怎么样大便，这生活啊，都是教育，处处要规矩礼貌。生存、生活，把生活学习好了，就是这四年所学的这一套，是基本，你的人生基础稳定了，拿这个影响家庭、父母，乃至出去读别的学校，照应别的同学、朋友，到社会照应社会，你就成功了。不是一张文凭，一个学位。这一点我希望大家千万要记得。

同学们，你们这六年来，说哪个程度好一点，哪个会作诗、写字，当然那是生活的技术，不是生活的本质，生活的本质一句话，做人。你们这样出去做人，一定可以影响社会，甚至于自己将来，做官的也好，做生意做大了当老板也好，做什么都好，乃至管个人也好，都会影响人。这一点希望记得。

第二点我要告诉你们，这个国际实验学校，今天的教育，我想包括我们学校的老师和诸位同学们，刚才我上面讲了来源是怎么来，你们都不知道，只有我知道，这就是宁波人讲的一句老话，寒天吃冰水，滴滴在心头。我很清楚，这个学校能够做成这样，第一个是受我们董事长，办薇阁的李传洪先生影响。他在台湾以文字宣布，宣布一切是照我的理念办这个学校。不错，薇阁办得很有声望。那么我们郭校长，是他的外甥，他是舅舅。

郭校长十一岁半时同她母亲、弟弟，跟我到美国的。到美国后，她同你们一样小，才小学几年级，功课在台湾没有完成，到外国马上读外国小学，ABCD都还搞不清楚的。而且在美国读小学，很受欺负的，我们是黄种人，亚洲人中国人，白人欺负她，很受气。而且英文也不好啊！他们再自己坚强起来，磨炼惯了，小学在美国读，中学在香港国际学校，高中也是。大学呢？读纽约大学，学商做生意的，干银行的。所以她毕业以后做过银行的事，一个月十几二十万的待遇啊！她用不着辛苦，却放弃了这些待遇，来办这个学校。

把这个经过告诉你，不是讲她的功劳，是拿她来做一个教育的榜样。美国的纽约大学商学院毕业以后，再读哥伦比亚的教育硕士，然后回转来，博士是复旦大学的博士。她虽然一路读外国文化，可是她十几岁来每天晚上跟在我和许多人身边，我们晚上碰头的都是中国人，讲中国文化，读中国书的。所以她毛笔也会，什么都会，她本身的实验，是个中西文化的综合。

因此她在银行也做过事，赚钱那么高啊，可是她自己有感觉，她晚上回来告诉我："太老师啊，不得了了，我夜里睡觉都睡不好，都是钱，一天征收多少亿，替人家赚钱，我的旁边都是钞票。"我说你快要疯了，这不得了，赶快给我辞掉。但是她自己也有个感想，她说："我从银行每天出来经过街上，看到一个老太婆在街上用竹子编一个篮子，而我每天在公司银行里头为银行赚钱、赚钱、赚钱，都是钱，我下班以后看到她在街上编篮筐、编篮筐、编篮筐，永远在编一个篮筐。"记得她有这个反应感想，换句话说，人生就为了什么？为了钱吗？为了什么？所以我说你赶快辞掉。

接着到这里因她的舅舅，薇阁的董事长影响，编中国文化书，她同妈妈——李老师两个人，一起到中国来跟着我，向大陆推广儿童读经，陕北去过，天津去过，云南去过，贵州去过，广东也去过。这二三十年的儿童读经，他们母女两个推广出来的。可是她发现了问题，这一般乡下光读中国书，以为中国书了不起，外文不懂，一般知识缺乏了，有问题。

办这个学校，以她的经验给你们一个榜样，她平常也不好给你们讲，可是她办学校以后跟到我，我告诉你们，现在学校办了四年，她为了你们同学的教育，掉了很多次眼泪。有时候半夜跟你们完了，回头找我："太老师啊，办不办得下去啊？我知道你讲的对啊，教育无用论。"以她自己受的教育的经验，看到好难好难，如何把一个孩子教成功，将来做个了不起的人，不晓得怎么教才好，所以她随时想办法在改变教育的方法，编教育的课本，她的心声老实讲句真话，老师们不完全懂得她，你们同学们更不懂。她多少次给我哭，她并不是怕办学校，她怕对不起你们，办学校干什么只有我知道。"唉呀！"我说："你不要难过了，你办得很好了，再说，你真受不了，明天就不办，我们又没有欠谁的，赔精神赔钱，也不想办教育赚钱，欠了谁啊？不办就不办，你一样去做银行，找个工作一个月赚几十万多好啊！"

把她这个精神告诉大家，所以有时候你感觉到课程常常变，内容变，她看到这样教下去的毛病在哪里，后果是怎么不对的，马上就要拉回来，这样做，她也烦得辛苦。所以我鼓励她，你把这五六年的教育经验写出来，在中国现代教育史上是一本很珍贵教育经验的书，是人家没有的，现在一般人办学校，我说那是在开书店做生意，没有真正教育孩子生存。所以我刚才把郭校长他们一家人，她同她妈妈、舅舅办教育的经过告诉你们，毕业的同学听到了没有？这个故事都听清楚啦？

　　我今天对你们临别赠言，一个教育，你们把这个印象记住了；到社会上，将来是不是名校毕业、是不是拿到博士、硕士，不要考虑了啊！那很容易，那是虚假的。怎么做一个完整的、了不起的人，怎么做一件事情，同你们在这学校的郭校长一样做一番事业，是对人家有贡献的，就是你们的目标，千万要记住，这四年的生活教育。同时我也很感谢在这里负责生活教育的老师们，我不另外点出名字来，是很多科目、课程，现在还在研究，还在求进步，在改变。

我今天晚上面对诸位同学，六年级也要毕业了，就讲一点感想的话，叫临别赠言。不多讲了，希望你们出去前途无量！你们拿到毕业证书以外，还记得当时我听过这个老头子讲话的，很好了！谢谢大家！

同学们：谢谢南爷爷！

附

录

附录一　寻找良师

郭姮晏

　　在学校创始之初，我开始想要雇用老师的时候，其中之一的标准，就是看他们是否和蔼可亲，具有爱心。我经常问我自己："如果我自己的孩子像他（她）那样成长的话，我会开心吗？"这也是在评估决定是否雇用一个老师时，最重要的问题之一；之所以会这样问，是因为我知道孩子们会以老师为榜样，而且还会模仿老师的行为。普通学校雇用老师仅仅是完成教授课程这一任务，而我却想要保证自己的学校，具有人文教育这一特殊功能，从而成为其他学校的典范。

/

老师有成为榜样的力量

　　老师是孩子的楷模，因为孩子们经常会模仿老师的行为，正如他们模仿自己父母、兄弟姐妹、亲戚朋友的行为一样。因此，我们在寻找老师时，十分重视那些在个性特征和行为方式上，都能够成为孩子们楷模的老师。他们谈话的方式，待人接物的方式，甚至是穿着打扮，统统都是我们选择时，所考虑的因素；因为我们所关注的是，将孩子培养成一个好人，一个能够适应社会和他人需要，拥有一定的社交技巧和良好行为习惯的人。

如果教育的目的，仅仅是为了让孩子们获取知识或者说"变得更加聪明"，而却忽略了教育他们真正成为一个人，那我们还能指望他们日后成为拯救民族危难的英雄和领袖吗？这些人是不是天生如此呢？

孟母的故事启发我们在小孩子年幼时，要十分注意他们所处的环境，因为环境会影响他们的成长和发展。所以学校的选择就相当重要：要有合适的老师教授合适的科目，传授正确的价值观，并且能为孩子提供正面积极的环境氛围。我们的目标是教给孩子一些基本的技能，以为我国日后产出有道德、有才能的人。为了达成这一目标，我们所选择的老师不仅需要具有授课技能，还需要有成为榜样的力量。

现在，只要前来应聘的老师能够授课，我通常就会给予他们两个月的时间，来证明其有在教学以及引导孩子形成积极性格的能力。我不是仅仅想寻找懂得课程内容的老师，而是更想看看他们与孩子们如何相处，以及如何成为孩子们积极健康成长的向导。经过大约两个月的相处，我就可以对他们有相当的了解，也可以对他们做出的成绩了然于胸。而这个时候，就是我们决定是否留任他们的时候了。

我们学校老师的流动性较大的原因之一，是因为对于老师的标准十分苛刻：要求他们不仅擅长教学，成为学生们的活榜样，还要求能够帮助孩子们转变自己。如果找不到这样的老师，我们也宁缺毋滥。不过，很多老师在听说过我们学校并且知道我们的目标之后，还主动向我们提出申请——尽管我们学校地处偏僻，远离大城市。

我们选择老师的另一项要求，是希望他们不要扼杀孩子们在某一方面的想象力或者热情。在西方，甚至还有人对来自各行各业十分有成就的人做了研究，并且比较上百种不同的性格，来寻找给他们带来成功以及幸福人生的共同原因；在研究过无数的性格案例，以及成千上百个名人的情况之后，我们发现唯一的共同点是：在这些成功人士还是孩子的时候，家长从不泼他们的冷水或扼杀他们的热情。家长从不骂自己的孩子愚蠢，或者说他们长大之后，成不了国家主席，成不了领航员或者舞蹈家，或者种种其他诸如此类的话。他们从不说孩子无法解决问题，而是鼓励他们努力去实现自己的梦想。你可能会说，这样做仅仅是为了鼓励孩子们，给他们自信，但我的想法是不一样的。

/

谨言慎行回应孩子

孩子还小的时候，无论说以后想要做什么都不算数，小孩子想怎么说都无所谓。因此，当孩子说想要干这干那时，不要给他们泼冷水，你需要说的是："你可以去做，并且能做到自己想要的一切。"下个月你听到的想法，也许就会是其他的一些事情了，所以当孩子还小的时候，不要批评他们这些想法，这些都是他们自己在脑袋里自编自导的结果，以此来寻找真实的自己。

所以，对待年幼的孩子，你必须谨言慎行，注意说什么还有说话的方式。如果对孩子们无辜的小梦想横加奚落，随意践踏，就有可能造成他们心灵上的疮疤，阻止他们进一步追求梦想的热情。如果你扼杀了他们的梦想跟热情，你就带走了孩子们来到这个世界上，想要追求的未来，也剥夺了他们想要追求快乐的权利、成功的动力、成长及成就伟大的可能性。

这就是为什么我们要帮助自己的学生，发展各自独特的天分以及技能。你永远不知道这些技能和兴趣，会成为他们以后人生中职业的基础，抑或仅仅是一时的兴趣或者业余爱好；尽管如此，我们还是尽量给予孩子们一些空间，来发挥各自的潜能，探索个人的梦想，因为伟大往往由此产生。

所以，不要扼杀孩子们的想象力，顺其自然。我们当中很多人在年轻的时候，也曾有过无数的梦想，曾几何时我们的梦想也早已湮没在批评声中。正因为如此，我们才更加希望孩子们能够自由地探索梦想，尝试不同的新鲜事物。因此，拥有一个支持、不会扼杀想象力的老师，是至关重要的。

如果老师十分骄傲，自命不凡，认为"因为我懂这些知识，所以我是最棒的"或者"我正在向你灌输知识"诸如此类，等等，我们会认为这是不好的。我们不需要那种仅仅会"填鸭式"的教学，而是教会学生真正钻研和学习的老师。我们发现第一种类型的老师，并不能真正获得学生的尊重。赢得学生尊重的，应是老师的行为，而不是他们的知识。因此，我们和其他学校一样，看重有知识、能上课的老师。但除此之外，我们更强调老师的品德和态度。

虽然我们学校营运的模式，与其他学校在许多方面不尽相同——比如说重视人文教育；但是很多来自家长的正面回馈，不断地显示出我们为教育孩子所营造的环境，和采取的策略正发挥着作用，并已然帮助他们的孩子，在毕业后变成更成功的人，成为天然的领导者；他们的孩子们曾在个性上存在这样或那样的缺点，或者是自律性不强等等，也都通过学校的影响得以改变。但是，因为每一个孩子的情况都不尽相同，很难详尽阐述我们所获得的成功。想要真正了解发生了什么，就不要光听我们说，最好与孩子的家长谈论谈论。只有经过一段时间，才能看见培养他们所累积的长期结果。

/

我们改变了孩子

我能提供一些家长告知我们的情况，他们坚持说孩子们有了明显的进步，并且养成了许多好习惯。这些孩子与在普通教育系统里的孩子十分不同，因为：

◎能够独立地处理问题，并且在问题来临时，能够调动一切所学，因此他们显得更有自信。

◎通过我们的教育，他们可以成为天然的领导者。

◎他们十分独立。

◎许多不良的行为倾向和缺点，已经减少或者一扫而空了。

◎他们并没有很多独生子女的问题，因为我们教育他们要学会去照顾别人；因此，他们往往更具社交技巧与合作精神。

◎他们能从其他的视角看待问题，并且更加懂得如何为别人考虑。

◎他们做事谦虚谨慎，虚怀若谷。并表现得更有礼貌，更加懂得如何相互合作，并且比其他的孩子具有更强的社交能力。

◎因为接受过静定放松技巧方面的训练，所以他们能够很从容地适应变化，面对压力。

我们的教学内容和技巧，主要是受到伟大导师——南怀瑾的影响。他总说教育应强调两点，其中之一就是教会孩子如何改变自己的行为；不过很多一般的学校，仅仅将重点放在教授孩子们学业科目上，并非帮他们成为更好的人。

由于基因，环境以及其他因素的影响，每个来到这个世界上的人，都具有不同的禀赋和个性。南老师说如果你不能学会改变自己不好的个性特征，而仅仅学着如何培养和发展自己的擅长，那你就会成为异类，或者成为他人的负担；因此教育的目的，是让你改变自己行为中有错误的地方，并将不好的个性特点变成好的。

这是我们希望老师与我们有共识的一个重点。也是我们不但选择经师还要兼具人师内涵的原则！

附录二　家长、学生眼中的老师

（本文整理自二○一五年元旦，中央电视台采访吴江国际实验小学文摘）

/

他们眼中的老师

记者：刚刚爸爸说到一个点，校长很强调师道，说老师就应该有老师的样子，这边的老师可能没有上海那些很厉害小学的资历或者特级教师，但他们又不太一样，您作为家长，对老师有什么观察、体会，或者有什么故事。

之一

嘉宾：我觉得，这里的老师都是一个巨大的奉献，这种奉献我只在宗教上看过，但南老师在的时候，就讲它是一个泛宗教、超越宗教的、不用任何宗教的形式来要求大家的，老师们把教育当做一个宗教，奉献给孩子。虽然天悦在上海上的幼稚园很好，老师们也非常好。到了这里，因为我参观过大学堂姊妹学校，觉得这种教学方法，老师的师道、尊严就是我们要传承下来的，是我们民族五千年应该有的师道，我觉得老师跟医生都是有这种父母之心、有非常崇高的地位，老师应该很理解自己为人师表所在的位置，所有点点滴滴，老师们都做得非常好，这也是我们特别感动的地方。

孩子们很有礼貌，很敬重老师，最主要是老师的人品跟自我的修养。因为我们的孩子进入了只有两百多个学生的大学堂，是一个很小众的学校。很多朋友都会问我们在这个学校怎么样，老师的师资怎么样；我们觉得师资最重要的是老师的人品，做人，因为孩子一周五天都跟老师们在一起，时间比家长多，老师的潜移默化，对我们这个家庭来讲更加重要。

所以从他一年级的老师，就非常奉献，他们二十四小时跟孩子在一起，放弃了很多的睡眠、生活、自己的私人空间，来投身教育，非常不容易的，我们都是抱着感恩之心，因为即使我们自己也可能做不到这么大的奉献，每一个老师，在这个学校都是一个有着菩萨心的人物。

之二

嘉宾：我相信真正好的老师都是很爱学生的，但我们的教育制度不是很爱学生。我们到太湖大学堂，感觉这个学校不是为了盈利，而是体现了做人的奉献。孔子讲"人有三立"，立功立言立德，我觉得这里的老师和南老师在做这"三立"。这"三立"有时候是不需要回报的，他们只有把这个做好，把学生培养好，把自己的感情都放在我们的下一代，把中国过去好的传承下来。

如修行般的老师

之三

嘉宾：慢慢地我意识到这里的老师不太一样，因为这里不是大城市，工资也不是付得最高的学校。但他们来到这里没有其他目的，就是为了做这群学生的老师，这是最重要的目的。

因为一般人都放不下自己的东西和生活，放不下自己的事业，在哪个大城市成长、住在什么地方，周围有没有适合自己吃喝拉撒的地方，所以当一些老师跑到这么偏远的地方来，周围没有别的东西，只有这群孩子，那他的目的就很纯。至少知道这些老师不是为了求名、求利，也不是为了求得自己生活物质程度的提高。所以某种角度看，也是吸引一批修行的老师，因为在这个地方什么都没有，所以不是一个修行的人，很难在这个地方扎下根做老师！

孩子受这些老师的影响，自然而然做人就不一样，因为他们和修行的大人一起成长，这个对大学堂来说挺重要。这是我看到的。

还有一个对我来说挺感动的，一般在任何学校，小孩生病了，第一知道的是家长，或者家长不知道的，老师也是赶快打电话，要你把生病的小孩领回去，别影响到其他孩子。这没错，但很多时候孩子在这里生病我们不知道，过了一阵子，病好了，说一个月前感冒过，去过医疗所，后来好了，没什么。

开始觉得怎么没告诉我们，后来意识到学校的用心。学校愿意承担，他把这个孩子接过去以后，真的愿意承担这个责任，现在大部分学校实际上是不愿意承担这个责任的，当学校愿意承担这个责任，对孩子是有影响的，因为最终孩子会意识到，这里是真正在乎他的，对他是有爱心的，当他需要的时候，这个学校接得住。

所以这对孩子能不能听进去学校的教诲也是很有帮助的。孩子对这个学校的感情不一样了，心胸也是打开的，更能接受。很多细节让我们感受到，为什么这里的孩子确实不一样？因为这个学校愿意承担。国内外很多学校都不愿意如此做的，学校不承担的，教给学生的也是一种不承担。所以我经常看到国内学校出来的孩子，看到问题就逃，第一想法是我不要沾边，我躲得远一点。为什么大家都有这样的性格？因为他经历过的学校、老师是这样的，一旦他有难时，第一个跑的是学校，把你扔回家了。

大学堂这里的孩子所经历的是不一样的，他有难的时候，这里的老师、学校愿意承担，以后他面对社会、其他人和事时，这也教会他去承担。

我觉得这个学校很用心，真的是从孩子自身的感受去考虑的，这是挺难得。校长、老师，包括侯老师，他们都会从孩子的角度来办学。这里都是一些有修行的人，所以能够做得很好。

之四

记者：大家都说到这边的老师跟大陆很多学校老师不一样，您的体会有哪些？老师不是上海国际学校的，也不是特级老师，也不是很高学历的，都是比较朴实的老师，您怎么看待这里的老师？

嘉宾：我给你做个不恰当的比喻，我女儿在上海国际学校读过，所以我跟上海国际学校的外籍老师、中国老师有过接触；外面学校的老师更像一个职业经理人，这里的老师每做一件事，首先心到。而外面的老师，仅仅是作为工作或职业，心到了什么样的程度？远远低于或者弱于太湖的老师。我觉得，心是最根本的差别，心到和心没有到，或者到的程度，这是根本的一个差别。

所以我非常地感恩，像我接触的董事长，郭校长，李素美老师、侯秀玲老师及其他很多很多老师，我觉得他们真的是出于一种奉献，想把这个传统的火炬传承下去。因为当时过来这里的条件还是蛮艰苦的。特别是年轻人，远离了城市的喧嚣，很多人到这里一待，像郭校长一待就是那么多年，这种奉献的精神，是出于一种爱，一种责任，然后留在这里的。

之五

记者：为什么很多家长都说，觉得这里最大的特点是老师很好，不知道您对这方面有没有什么体会。

嘉宾：是的，这边会把孩子当成自己的孩子对待，孩子感冒了，从校长到教务长、老师都是全力以赴地出动，照顾我们的孩子，是真诚，很亲切的感觉，看到孩子的热情，那种满足感，我们家长可能也做不到的。

我儿子来后，有一次自己不小心从床上摔下来，校长还有李老师准备医药，给他治疗，我们还没有来、还没有到学校之前，老师全部已经做完了，考虑得非常细致，根本不是当学生，而是当自己的孩子一般的对待。

之六

嘉宾：办这样的学校，关键就是要有好老师，师资难找，这样的老师真的要具有菩萨心肠。当我们现在一听到菩萨，好像说是封建迷信，其实不是这样的，活菩萨是一个真正觉悟的人，能够无私无欲去帮助别人，我觉得大学堂的老师们，他们就传承了南老师的师道精神，做的是真正的人师，他们不只是在传授知识，而是用自己的身教来影响每一个孩子，做到身教和言教并重，只有这样的老师，才能够培养孩子愈好的心灵。

记者：您有切身体悟吗？这边老师为什么这么好，举个例子，让您特别感动的。

嘉宾：特别感动的，就是我们孩子九岁的时候就离开了父母，一般对父母有一种依赖。但是他到这里来之后，这些老师们对他们的关心，有时候胜过爸爸妈妈，能够无微不至地关心他的生活、起居以及每一个情绪的变化。所以，有一次他深夜生病了，老师起来用中草药熬给他喝，以及给他敷毛巾，师道和父母之道已经融合在一起了。所以是真正的好老师，非常具有爱心，有了这个爱心，仁慈之心，就能够真正地让学生亲其师、信其道。

记者：您说的亲其师、信其道，很好。昨天有一个家长说，孩子生病了，学校没有给家长打电话，自己处理好了，现在小孩子信任他，信任他才听得进他的话。

嘉宾：对，古代讲要作之君、作之亲，作之师。古代讲天地君亲师，也就是道家老子所讲的，"人法地，地法天，道法自然"，所以为什么讲"天地君亲师"，就是要仿效天地的无私、无欲、自然，所以老师其实就是把天地的无私无欲的精神，以及对孩子父母般的关心、慈爱都融合在一起，我们的学生才能真正跟老师有心灵的沟通和交融。

之七

记者：哪个老师有没有做什么事，让您特别感动的？

嘉宾：有的，我觉得别的学校老师不会这么做。

老二有一年该读四年级的时候，因哥哥已经毕业了，爷爷奶奶又很想孙子。所以我们就想让孩子回北京念，结果郭校长亲自打了电话给我，他说很希望孩子在这里上学，如果是经济上的问题，学校不收学费也没事，很不希望孩子在塑造没有完成的时候，就这么走了。李老师也给打电话说孩子现在这个状态出来，他们不放心，我理解他们的意思，真的很感动，我相信没有哪个学校的校长，会这么为学生着想，他们也不愁招生，他这么要你回去，对我来说很难忘。

之八

记者：这边的老师您觉得怎么样？

嘉宾：这个老师太伟大了。

记者：都是这样说，能举个例子说一下吗？

嘉宾：他们对所有孩子的品行和禀性包括他们的身体状况了如指掌，比我们父母更细心，了解得更深入更透彻。比如我的孩子，小的时候体质不好，有很多状况，我们在家里都没有注意到，没有关注到。

学校里经常会有一些名中医甚至骨科方面的专家过来，老师会非常细心，每个孩子有针对性的，能够给孩子提供帮助，一次都不会落下，给孩子看病、诊疗，所有的医药配置、护理，甚至对孩子需要的特殊护理，全部是学校的老师完成，所以家长不需要操什么心，他们非常爱孩子。

之九

记者：您挺感谢老师的，对校长、李老师，对他们有什么想说的。

嘉宾：我特别感谢太湖大学堂，包括郭校长、李老师对孩子全心的付出，教书育人，不光从思想品德，还从生活方面；南老师说教育即生活，这是最基本的，孩子掌握了，走到哪儿都不用担心不用害怕，所以非常感谢太湖大学堂对孩子付出那么多。

有的人问，孩子小学毕业了，为什么那么放心地把他留在北京读人大附中，我说有太湖大学堂那样一段经历、生活，特别放心，因为做饭、学习，还有参加其他活动，这两个孩子不能说出类拔萃，但还是比较优秀的，目前在学校无论老师同学，对他们评价都比较高。他们说一进校的时候，感觉这个孩子跟其他孩子不一样，说不上来，经过一段时间的学习，参加一些活动，不能说脱颖而出，最起码他们德性、品性特别好，如一心为别人想，会考虑到别人的感受，内心里装着别人、同学、老师，所以老师也比较喜欢这两个孩子。

之十

记者：太湖老师教得很好，有让您觉得震惊的地方吗？

嘉宾：我讲一个儿子亲身经历的一件事情吧。我儿子现在在小学，小朋友每天要去排队吃饭，每次都要排队用自动洗手液先洗手，需要有这样一个过程，前面稍微慢一拍，后面就等得稍微长一点，儿子比较急，就会说，前面的人是不是多洗了，很有情绪。

老师是怎么处理的？老师让他在后面的几天去整理队伍，让他可以在前面直接观察到真实的情况是什么。我儿子通过这样一个亲身的观察和参与，做小领导，发现前面的孩子真的没有磨蹭，因为手往那儿一伸，就下来一下，量都是一样的，所以不存在之前的猜疑。如果说在体制内的学校，我了解过，假设发生类似的情况，很多做法是把这个小朋友给拎出来，要不就是罚，"你怎么这样子，队伍要安静"，就是一大堆的训斥。我想这两种方式不一样，能够给孩子带来的也是不一样的东西。那种强压式的，一定给孩子心里造成一种阴影。像这样，让你参与进来，了解了，就知道以后在这个队伍里，作为其中的一个部分，我应该怎么去做，这就是一个例子。

之十一

记者：您觉得这个学校最可贵的地方在哪里，核心竞争力是什么？

嘉宾：我觉得核心竞争力是人，我们接触的每一位老师，哪怕不是老师，是员工、校工，甚至再到种菜阿姨、食堂打饭的阿姨，你都觉得他在用心地做，不是浮于表面的，人前一套、人后一套，所以我觉得人是很难得的。

我们通常会被老师的很多爱心所打动、感动，甚至有时候觉得我们作为家长对孩子都做不到这样，这里有很多小故事小细节，特别是在孩子生病的时候。

我记得我女儿有哮喘，但是来到太湖后，因为有运动、学校有中医的调理，所以她的身体越来越好，但还是有一天突发了，她就喘，喘了之后她会呕吐，中医老师把她接到自己的房间里，老师真的在她的面前坐了一夜。第二天给她开小灶，熬粥，到一周后，基本上好了，就给孩子一张特别的单子，让孩子带回家，说孩子这一周有什么样的情况，我们做了一些什么样的护理，希望孩子回去的几天里，家长需要配合的是什么，让她可以越来越好。我真的挺感动的。

之十二

记者：你觉得这里的老师好吗？

学生1：这里的老师，相对外面的老师来说，是非常好的，因为他们可以读懂我们的心，可以理解我们的需要，而不是像外面的老师强迫性逼迫我们干什么事。

记者：为什么说他们能读懂你的心？

学生1：他们能读懂我的心里，是因为在我们有需要的时候，他们给予我们很恰当的安慰，使我们在伤心的时候不再那么痛苦。

记者：你说一个例子，在你身上特别感动的事情，老师对你们特别好，很感动的。

学生1：三年级，第一次中秋节没有在家里过，大家都聚集在一起，因为这个学校让师生在这个重要的日子一起团聚。我们同学因为第一次在这种很传统的节日里离开家里，鼻子酸酸的，想要掉眼泪，这时候老师给我们讲一些故事，让我们从情绪里走出去，然后得到快乐。中秋节有很多故事，他们讲给我们听，还会给我们看，使我们破涕为笑。我觉得是他们读懂我们思念的心情，从而让我们从思念中解脱出来，忘掉思念。

学生 2：你生病的时候，他们不管任何人，都会尽心尽力帮助你，让你病好，很细心地问你，哪些地方不行，哪些地方生病了，有什么症状，然后帮你辨别，用什么药方对治的病状更有好处，对你特别细心。

学生 3：我挺喜欢老师的，因为这边老师和其他地方老师不太一样，这边的老师不会轻易地对你发火，会慢慢地给你讲道理，等你知道这个道理后，就知道自己在哪儿错的，渐渐就知道自己该怎么反省。

附录三　二〇一五年郭姮晏校长与
李素美老师讲话

　　校长：今天是这学期末，我希望透过趣味问答的模式，把老师提出来的一些虽然是很简单的注意事项，总结变成以后对新的老师，或者在职的老师也好，参考比较完整的一个手册。

　　当然在看这些答案的时候，我也对于某一些老师考虑到各方面提出来的问题非常感动。很简单的从穿衣服这一方面谈起，很多老师不只提到了可以整齐、美观、有精神外，还提到了说要保护肚脐，从中医课防受寒的角度来讨论这一个问题。女孩子洗头发呢，为什么要吹干，有老师提到，我们也再三强调了，女孩子生理期的时候头发一定要吹干。

课表的安排

所以虽然是这样一些生活上简单的内容，有些新来的老师可能不知道为什么学校会强调那么多的细节，这其实是跟养生有关系的。我也看到一些老师把这一方面说得很好，而且也比较完整。如果以后我们把它系统整理出来，给所有的老师做参考，虽然会花老师们不少时间，但这是一件非常有意义的事。

另外是关于一整天上课的时间表。当然这个时间表每个班级是不同的，但是我要跟大家讲一件事情，每一个学期，行政办公室安排小朋友的功课表时，虽然你们在这边很简单回答几点到几点是上什么课，但是要排到让每一位老师都有时间休息，又要兼顾到每一个小朋友主课和副课的重要性，课程安排分配在一天的时间里面，其实是费了很多的心思跟功夫的。

下一学期我们都会在第一时间拿到功课表，每次拿到功课表都会很快地做调整，但是常常有一些老师会因为功课表的调整，没有办法配合到自己的休息时间，或者是说自己的班级的课表安排得比较好，有时候连续上两节，有时候中间休息又太长了……我觉得那很好。如果大家都知道学校的功课表有这么多的科目需要安排进去，那在下学期接到功课表，大家看过以后，除了用自己的角度来考量这个功课表，也可以考量一下学校其他的时间，包括我们安排其他生活老师的时间表，或是小朋友的生活时间也好，比如起床的时间等等。反正整体来讲，很感谢大家花这个时间，提供很多宝贵的意见，尤其是在作息上面，也有很多老师提出了不少宝贵的建议，在这里一并致谢。

/

恭敬心　感恩心　善心

第二件，是我们反反复复提到的一样事情，就是学校的恭敬心。很多学校的细节，都是从很简单的恭敬心做起。还有第二个就是感恩的心，为什么学校会有很多的活动，包括户外的、在学的课程，我们总是希望透过很多的活动，让小朋友产生感恩的心；因为如果人有感恩的心，就会容易有一种幸福感。其实话说回来，大人也是一样的，你常常会感恩一些事情的时候，会觉得自己总是获得的比别人多。人永远没有办法赢过别人，但是你总是有办法能够征服你自己的感觉，跟你自己的情绪。

所以我也常跟家长分享，我们学校给予小朋友最大的能力是能够去感恩，因而感觉到幸福。如果人有感觉幸福的能力，那他就天不怕地不怕了。最怕一个人被自己战败了，就没有办法为自己的生活感觉到幸福。所以第二个就是讲到感恩的心。

第三个当然就回到因为有感恩的心，你自然而然就会有善心嘛，希望万物一切都好。这也是我们学校一直反复提的三个心：恭敬的心，感恩的心，还有一颗善心。

所有课程的安排，可能无法尽如所有老师的意，但是学校真的是以这三颗心出发去考量到每个老师，尽量地去体谅到每个老师的生活，每个老师的心情，但是如果招呼不周的地方，也请大家多多谅解，多多理解。

/

学校特别艰难的时刻

二〇一四年在太湖大学堂是一个转折期的一年，也是非常辛苦的一年。二〇一二年南老师离开太湖大学堂，二〇一三年非常的混乱，二〇一四年那更是一个非常大的考验。很多人觉得大学堂当年应该站不过来，他们觉得外面这么多的风雨，这么多的事情，很多人看，应该站不过来。但是我也很感恩，因为有你们，所以今天还有太湖大学堂。

我昨天跟家长也分享到，因为很多的家长其实对于我们学校这样的实验模式，多少都会有点忐忑不安。因为我们没有考试，很多的事情跟别人不同。大家看看我们的功课表就知道，跟别人功课表都不一样，这几年坚持得非常辛苦。但是这七年来，你看到我们的小朋友，第一届毕业的，今年是初三，他们回来的反馈是这么令我们欣慰。可能你们没有很清楚地知道发生什么事情，但是今年元旦的时候，因为央视有人过来拍我们的一个纪录片，我们就在元旦的时候，让很多毕业班的小朋友回来帮忙拍摄的工作，主要就是采访他们现在接轨的状况，学习的状况，还有他们人际关系的状况。非常高兴的是，孩子不只成绩好，而且可以说是很好，有些是非常好。

如高源辰在北四中，他能够自己开一个论坛，我觉得这都不是一般的孩子能做的。他为了炒热大家来吃饭，你知道吗？他可以去搞出一个论坛，让大家学习。我觉得这样培养出来的孩子都是一件非常了不起的工作，也是非常了不起的功德。所以做老师本来就是最好的一个修功德的机会，为什么？你把学生教好了，他回家直接影响爸爸妈妈、兄弟姊妹和爷爷奶奶；以后他成家了，因身教而影响自己的儿女。世界上没有一件工作，可以影响人家祖宗八代的。真的，就只有当老师。

/

毕业的学生深受好评

我刚刚回到太湖大学堂，这一个南老师在的时候留下的实验田，所有的课程，所有的细节都在南老师的安排下设置好了。那我也跟家长分享，我说你们都不要担心课程，这些事情都已经确切地安排下来，可是那时候因为我们没有成绩，孩子也没有到这个年纪，看不出结果。但是现在最少已熬到初三了，首先已验证他们功课好，第二人际关系非常好，非常受其他小朋友还有学校老师的喜欢。第三点，这些孩子做事非常勤劳、勤快，什么事情都比别人愿意去做，哪怕是最脏的、最累的工作。所以这些都是因为我们学校实验的初有成果。

昨天阿俊老师从上海过来，他第一个就跟我说，哗！哇！这次你们这个中国少年说太轰动了，好多家长都哭了。我说你怎么知道，他说当然知道啊！这个事情很轰动啊！大家都很感动啊。为什么？因为他们看到我们培养出来的孩子的精气神，包括其他的活动哦！他当然只是讲到这个代表，但是大家很明显地看到这一年一年来孩子的进步，就我刚刚再三地讲，很多人都觉得在太湖大学堂培养的学生，是所谓具有中国代表性的学生，因为个个精气神俱足。

/

一个"坚持"的理念

昨天我也很抱歉，我开会开到一半的时候离开了，为什么呢？因为我们隔壁，张家港的一个黄麻公司的刘董事长来学校了，可能上次我们有几个老师去过。这个黄麻的老板他坚持做黄麻，坚持了二十五年。这个刘董事长原是一个裁缝，他很想发明一个新的材料可以做衣服，后来他发现麻布这么好，为什么这个麻布料不可以用在做衣服上面？于是他投资了一两亿，做什么？研发黄麻变成可以用的布料，大家都笑他，因为不可能。黄麻怎么可能变成布料呢？就是粗粗的啊！他投资了很多钱，大家笑他，他的太太、他的很多朋友跟他说，那个时候上海的小洋房一单位一二百万人民币，你去买一个小洋房，早就赚翻了，怎么会把钱投资发明黄麻变成衣服穿？

在他快要放弃把黄麻变成产业的时候，他来到太湖大学堂，南老师告诉他一句话："人要坚持自己觉得对的事情，如果今天你觉得理念是对的，你就必须坚持。"他说还好有南老师的那一句话，救了他的黄麻企业，不然他是打算过不去了，因为所有人都觉得他疯了，花那么多的钱在干嘛？所以他每一年到这个时候都回来祭拜南老师，然后他也看看我。我们给他看了小朋友的光碟片，他也说小朋友一年比一年进步，他说气质都不一样。

我觉得我们在做，大家都在看，那有没有效果、做得好不好，大家看了心里面都非常有数。我只是想跟大家分享我们今天在太湖大学堂做的教育工作，尤其学校老师本来就不是一般人能做的，它就是一个非常特别的、而且带着神圣使命的工作。就如南先生讲的，我们没有必要做这个工作，但是这个工作有没有意义？非常有意义。现在看确实如此。

我为什么要讲刘老板的这个故事？我只是要借这个故事讲到他的坚持。由于他的坚持，他成功了，将黄麻变成很多有益人类的产品。他说，我也不是没有听到太湖大学堂的故事，我随时都关注大学堂，心里都念着大学堂。他说他也听到很多人说大学堂应该转成南老师的纪念馆，以后开放给大家参观，把老师的书拿出来摆一摆、弄一弄，以后你们买一张票三百、五百，就可以进来参观了。他也听了很多这样子的事情，那比办学校容易多了，就找几个老农往门口一坐，收票就行了。

那为什么我们还要坚持办这样一个学校？他说你们要坚持中国百年树人的教育事业，这不是用金钱可以衡量的，我们要一起坚持自己的理念。他说："我做黄麻，我坚持二十五年了，没有这前面的二十四年，没有今天的第二十五年！"

知道自己要做什么

所以我觉得虽然很辛苦，但也觉得非常幸运。我觉得每一个人的际遇都不同，有些人在很年轻的时候就知道自己这一辈子要做什么，所以说五十知天命，就是终于找到自己在这个世界上的位置，这辈子来到这个世界上应该完成什么事情；有些人六十岁、七十岁还不知道。

可是有些人很幸运啊，像我们在座的有几位老师，就是很年轻的时候，就已经知道自己的定位和自己想要做什么。我觉得这是很幸福的事情。

我也知道我要做什么，所以我常常说，不管太湖大学堂多辛苦，我都要坚持下去，非常非常辛苦。为什么？因为它有它存在的意义与使命，只要是有精神跟有生命的事物，它必然有序。

/

连细节都坚持的管理

所以再回到这一个点子上面，我们学校的经典课程也好，对于环境的照顾也好，很多事情你会觉得学校为什么要这么点点滴滴要求，那么多细节都要管。就回到刚刚我讲的，我连棉被都要管，连你们老师睡什么棉被都要管。你们的被套，很多管酒店的都说，你们学校这样管理不行的，这个床单，哪有每一张床单都送去同里湖五星级的东恒盛去烫的？他说你们就买那个混纺的不就好了，混了人造的尼龙，那个东西永远都不会皱，因为加了人工的纤维，不用烫。大学堂的没有嘛！全是每次都要烫。他说你们怎么搞的，这样经营。我说对，我就是这样经营的，因为这是我们的理念跟我的理想。

/

我们同心走在对的路上

今年是很特别的一年，而今天会坐在这边的老师，也是非常特别的一群老师。对我来讲，除了是工作伙伴，更深的一层我觉得甚至于比我的家人、兄弟姊妹还要亲近、还要重要，这是我心里面的话。所以呢，在学校的很多安排上面也许没法考虑周全，我没想到的地方可能很多，所以这一学期希望你们能够提出来也好、包涵也好，就是不要把它想成是针对你们个人，不要往心里去。反正我要讲的一点就是，希望你们大家越来越好，太湖大学堂越来越好，然后希望学校这个实验的路能够越来越成功。确切地说，我们这样是可以培养出人才的，让更多的学校能够来跟我们借鉴，然后让更多别的父母亲也了解到这才是真正的教育。

我很有信心，我们教育的路是走对了。这个实验走到第七年，我们中医常讲的嘛，七年就是一转，我们中国人讲七次，七七七七，一转。我相信今年就是一个很好的转机，也是一个新的里程碑的开始。

再一次，我要感恩所有在座的老师，你们是非常特别的老师，对我而言，对于太湖大学堂而言，我在这里再深深地感恩大家，然后也对于我们的来年，寄予深深的期望跟盼望，我觉得会是很棒的一年，谢谢各位老师！

李素美老师：首先我要说，即使是刚来的老师，都变成我很亲很亲的家人一般，其实我关注的事情很多很多哦！比如你们要结婚的问题，情绪的问题啦，像这样的事情我们都在操心，谁跟谁配是最好？我觉得我们自己在这里工作，不能把它当成是拿一份工资的问题而已。因为我们是在做一件自己感觉有意义的事情，而且今天孩子毕业和在校内有这种成长表现，其实是我们每个老师最关注的，也是最开心的一个回报。

其实我们现在的太湖大学堂，已经开始走入很稳的一步，而前几年都是颠颠簸簸，坎坎坷坷，几位亲近的老师都跟我说我们过的不是人的生活。那我当然很有体会，因为我都是跟他们一起，从侯老师开始，跟校长一起，从零开始一直到今天。很多跟我从开始起来的这些战友，我都把他当成自己的家里人。那我希望在这个基础上面，很多老师知道我们办学真的是除了学生以外，更关注的是老师的生活还有种种的一切。

所以你们有任何的问题或是什么话，都可以当面提出来。但是我希望都是以正面的方式，不要以批评，或是用很消极的，这个对学校是不太好的事情哦。

我看到老师两方面的表现，有一部分是默默在做，但是他们默默在做的时候，其实从孩子及家长的表现我们都知道，不管那孩子是不是优秀，他从被关注，或是吵架，或是很坏……我们都知道老师怎么处理，且不是处理到他没打架就完了。我们都在研究为什么他会这样，是不是哪里错了，或其他问题？那么这些老师全都在讲这个孩子的问题，其实这就是一个很好很好的事情，怎么说呢？每一个孩子他怎么进步，我们知道老师是要付出许多爱心的。

还有一件事情就是我那天讲的一个真实故事：是法国一个很成功的企业家，他从很穷很穷，很贫苦，后来变成非常非常富有。然后他就设了一个很大的奖金，他说谁能够告诉我，我成功从没有变成富有，这个秘诀在哪里？就有很多很多的人来参与这个奖，后来这个奖被谁拿到了？是一个九岁的小女孩！你知道她的答案是什么吗？有人说要努力，有人说要天才，有人说这是命运，有人说要有善心，要有什么，然后怎么做，怎么做……这个小女孩的答案是什么？她就用英文讲 ambition，那 ambition 在中国把它翻成野心，其实我觉得是不好的翻译，也有人把它翻译成企图心，我觉得都没有到达那个味道。其实这个就是说你打定主意，就是你决定要这么做，就是你成功的要领。像学校那个小男生打定主意要去做农业，他心思就每分每秒盯在这里。

我们做教育也是一样，我们要鼓励孩子有一个目标，有一个精神，然后要帮他们引导出一个大方向。同时回顾我们自己，譬如像我自己，我也是想是不是定个功课表，我今天是目标定好以后，自己是不是像那天袁老师讲的，一定要一天背一首诗，或是一个月要背一首诗，或是我一定要做多少运动，或是我今天要做些什么。这个就是鉴定我们成功的要素。所谓成功的要素不是以勤来衡量，而是你自己在心灵上面每天有多少收获。这个能够吸收到的常识和学的知识，是一辈子用不完的，还可以带得走，还可以帮助别人，还可以给自己成长，那是财富很重要的一个估量的价值观。

我现在还要说明一点，就是说也许今年对老师有一些要求也好，正式的一些规定也好，你们都要理解，这个就等于我们在协助老师们，或是需要帮忙的时候，是用这么一个格式来提醒大家，我们需要做到这一点，而不是用来批评你们说你这个不对、你那个不对、你这个不好、你没有资格……绝对不是这种用意。我希望你们不要有误会，说我已经做到这里你还批评我，那要不怎么做呢？不是，只是协助你，比如说人家告诉你，这是要帮助你达到你想要成为最好的老师，因此提供些建议帮助我们。这一点我要先跟各位老师讲，所以希望你们得到什么评量，尽量不要把它当成一份成绩，这是我们帮助大家来考量自己有什么需要协助的，或是哪些不足的是需要聘哪个老师进去，或是怎么样才变得更好；我们认为你还不够，因为你的程度应该可以更好，那这更好程度，需要再加些什么元素？或是加入其他老师？我们就会来帮助做这样一个考量。

所以我在这里要大家知道，有的老师今年特别好，大家都有目共睹，我对他们能有这个成绩，个人很赞叹，也是要跟他们学习的。我简单跟大家分享这么一件事情，希望明年开学大家更开心，能够跟我们孩子分享更多他们的学习成效，而不是刚刚讲的，只有功课方面。他人格的魅力也好，特质也好，我们都能帮他发挥出来，那我们就心满意足；老师是最傻的，看到孩子成功，就像我看到你们每一个人都好，你们都没有问题，那我就很满足了，一样的。好，谢谢大家！

图书在版编目(CIP)数据

南怀瑾谈师道/南怀瑾讲述.—上海:上海人民
出版社,2019
(南怀瑾讲述系列)
ISBN 978-7-208-15875-7

Ⅰ.①南… Ⅱ.①南… Ⅲ.①教育-通俗读物 Ⅳ.
①G4-49

中国版本图书馆 CIP 数据核字(2019)第 098175 号

责任编辑 马瑞瑞 杨 清
封面设计 人马艺术设计·储平

南怀瑾讲述系列
南怀瑾谈师道
南怀瑾 讲述

出	版	上海人民出版社
		(200001 上海福建中路 193 号)
发	行	上海人民出版社发行中心
印	刷	上海盛通时代印刷有限公司
开	本	850×1168 1/32
印	张	7
插	页	4
字	数	89,000
版	次	2019 年 7 月第 1 版
印	次	2019 年 7 月第 1 次印刷

ISBN 978-7-208-15875-7/B·1403
定 价 48.00 元